COMMUNITY MANAGER

Principiante a Experto

Tabla de Contenidos

CAPÍTULO 1

¿Qué es una Estrategia de Marketing en redes sociales o Social Media Plan?

Una Estrategia de Marketing en redes sociales o Social Media Plan es un documento en el que se detallan las estrategias de redes sociales que se van a llevar a cabo para alcanzar los objetivos de marketing de la empresa.

En otras palabras, un Social Media Plan es un Plan estratégico paso-a-paso de Marketing en las Redes Sociales.

Es el timón que va a dirigir todas nuestras estrategias y acciones del plan de social media y que será ejecutado por el community manager.

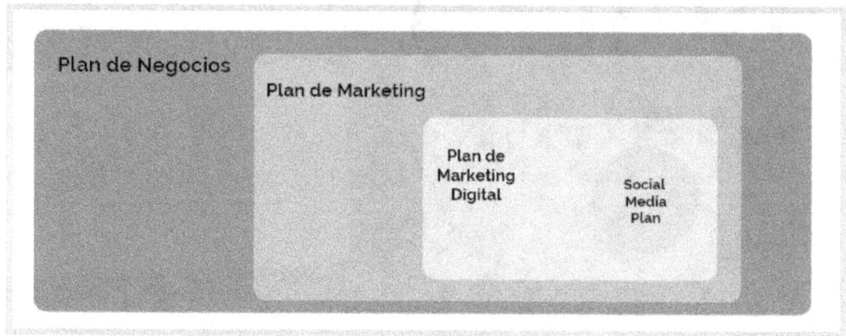

Tienes que tener una cosa clara.

No tienes que pensar únicamente que estrategia de contenidos hacer, qué publicar, cuándo, etc.

También tendrás que invertir en publicidad en Redes Sociales.

Hoy en día, no concibo ningún plan que no incluya la parte de estrategia orgánica y la parte de pago.

¿Cómo preparar una Estrategia de Marketing en redes sociales?

Las partes de una Estrategia de Marketing podríamos decir que son principalmente cuatro.

La primera parte está formada por un análisis de la Estrategia de Marketing en redes sociales de la empresa y de sus competidores.

Lo que se conoce también como una auditoría de social media.

La segunda parte consiste en crear la Estrategia de Marketing en redes sociales en base al análisis previo que hemos hecho.

Después llevaremos a cabo la ejecución de las campañas en redes sociales y finalmente habrá que medir los resultados.

Recomendación:

Aunque la Estrategia de Marketing en redes sociales es un documento, este nunca debe de verse como un documento cerrado.

Siempre que aparezcan nuevas herramientas, nuevas redes sociales, o cambios en el consumidor, habrá que adaptar toda nuestra estrategia.

Por lo tanto, siempre será un documento dinámico.

Cómo hacer una Estrategia de Marketing en redes sociales para tu empresa

Bien, ya hemos visto de forma esquematizada todos los pasos que hay dar.
Ahora vamos a ver cómo hacer un Social Media Plan paso a paso.
Para ello vamos a ver de forma mucho más profunda y detallada cada uno de los pasos.

1) Etapa de análisis

Todo plan debe partir de un análisis bien estructurado para entender en qué situación estás y determinar a dónde quieres ir.

En esta primera etapa, lo que haremos es comprender cuáles son las principales vías de ingresos de la empresa y en qué situación competitiva se encuentra.

a) Establecer modelo de negocio

Tu modelo de negocio debe de ser el epicentro de todas las acciones sociales que realices.
El problema es que no se le suele dar la suficiente importancia a la hora de empezar a elaborar un plan de redes sociales
Tienes que tener en cuenta aspectos como:

- Cuáles son tus productos y/o servicio que te aportan beneficios y en qué proporción.
- ¿En qué zona geográfica vendes más?
- ¿Cuántos trabajadores hay en la empresa
- Cuál es tu estrategia actual para conseguir clientes y convertirlo en ventas
- Cuál es tu estrategia de fidelización de tus clientes.

b) Establecer las metas

Lo segundo que tienes que hacer es definir la meta que quieres alcanzar.
Si quieres hacer el mejor plan de social media debes de tener claro qué quieres conseguir.
Esto es esencial y te voy a explicar por qué.

El análisis FODA (lo verás después), va a determinar los factores que te impedirán o ayudarán a cumplir esa meta.

En pocas palabras.

Sin meta, no hay objetivos, y sin objetivos, no hay plan.

c) Auditoría de en las Redes Sociales

El siguiente paso será conocer la situación competitiva de tu marca.

Para ello, tendrás que hacer un análisis interno y externo.

Es lo que se conoce como auditoría en redes sociales y algunos de los datos que deberás de extraer son:

Evaluación y rendimiento de las acciones pasadas.

Tipos de contenidos utilizados en cada red social.

Engagement en las publicaciones.

Análisis de reputación de la empresa y problemas que hayan tenido.

Servicio de atención al cliente en redes sociales.

Herramientas utilizadas para llevar a cabo las acciones.

Análisis de la web o blog.

Análisis del posicionamiento web.

Análisis de la reputación online.

Análisis de campañas en Google Adwords y Social Ads.

Recuerda: Para hacer correctamente la auditoría tienes que hacer el análisis tanto de tu proyecto, como de la competencia.

Mi herramienta preferida para hacer esta parte es sin dudas Metricool.

Si quieres probarla gratis, únicamente tienes que hacer clic en la siguiente imagen.

d) Análisis Web/Blog

Uno de los objetivos del plan de social media marketing será aumentar el tráfico web para conseguir conversiones.

Ahora bien, de qué sirve hacer un social media plan si después tu web no está optimizada y las visitas no se convierten.

Tienes que hacer un análisis de la usabilidad y accesibilidad del sitio web, del blog y de las landing pages de captación y venta que tenga la empresa.

El objetivo no es sólo atraer tráfico a la web, sino que el que llegue se quede y convierta.

Imagina que un usuario ve una camiseta que le ha gustado gracias a la publicidad en Facebook.

Va a la tienda para comprarla pero, una vez llega, tarda en encontrar la camiseta porque estaba desordenada.

Cuando la localiza no encuentra las tallas ni pone precio y termina cansándose y acaba abandonado la tienda.

Lo mismo pasa en una web.

Imagina que esa misma persona después de ver un anuncio se mete a en tu web pero no encuentra el producto

Navega y navega, pero se cansa y abandona el proceso de compra.

De esta forma, estás perdiendo una oportunidad de compra por no tener una web optimizada para tu público.

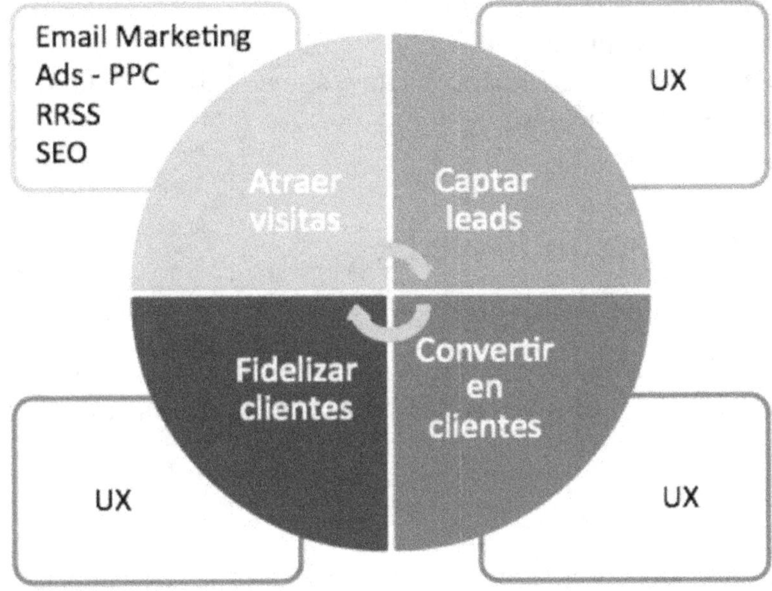

En definitiva, tendrás que hacer un análisis de la usabilidad de la web para que cuando lleguen las visitas su experiencia de usuario sea la correcta para alcanzar tus objetivos.

e) Análisis Posicionamiento Web

El siguiente paso será hacer un análisis del posicionamiento SEO del proyecto.

Es decir, el lugar que ocupa tu página web para las keywords sobre las que te quieres posicionar.

Para llevar a cabo este análisis tienes que hacer principalmente cuatro investigaciones:
Análisis de la evolución orgánica del proyecto.
Keyword Research.
Detección de los errores SEO.
Análisis de los enlaces.
Para saber qué posición ocupa tu página web en Google puedes usar tres métodos:

1) Navegación Privada.

Una de las formas más simples para ver en qué posición se encuentra tu página web en Google es usar la navegación privada.

Para ello, en Chrome únicamente tendrás que seleccionar nueva ventana de incógnito.

2) Search Console.

Con Search Console podrás saber qué posición media ocupan las palabras claves para las que estás posicionado.
Únicamente deberás acceder a tu cuenta y en el apartado tráfico de búsqueda seleccionar análisis de búsqueda y hacer clic en posición.

Consultas			Clics ▼	Impresiones	Posición	
1					31,1	»
2					7,0	»
3					8,0	»
4					5,4	»

3) SEMrush.

SEMrush es otra herramienta con la que podrás comprobar las posiciones para las que tus palabras claves aparecen en Google y el tráfico que te proporcionan.

Para ello, únicamente deberás introducir tu dominio en la plataforma, seleccionar investigación orgánica y a continuación posiciones.

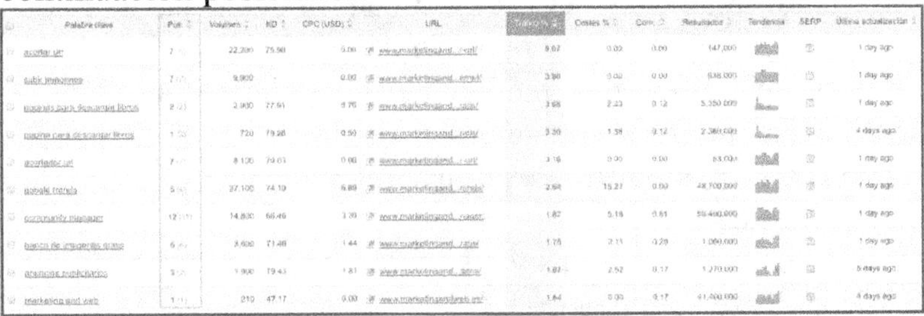

Es importante distinguir si la página web está posicionada por las palabras clave sin necesidad de nombrar a una marca o con keywords donde está nombrado.

También tienes que conocer quiénes son aquellos competidores que ocupan las primeras posiciones en Google.

Además de saber en qué posición de Google aparece tu página web, también deberás de hacer una auditoría SEO.

Para ello, será imprescindible conocer qué tipo de herramientas SEO necesitas para tu proyecto.

El ORM (online reputation management) es una de las tareas más críticas e importantes a las que se tiene que enfrentar un community manager

Consiste básicamente en saber gestionar la reputación online de una marca.

La correcta gestión de la comunicación online puede marcar el éxito o el fracaso de tu plan.

Son 4 cosas las que tendrás que conocer.

Qué dicen de nosotros

Cómo lo dicen

Cuándo lo dicen

Dónde lo dicen

Cada vez son más las personas que conectan con las marcas, por lo tanto, más fácil es que tengan que enfrentarse a comentarios de todo tipo por parte de los usuarios.

Por eso es tan importante medir el efecto que tienen estos comentarios en nuestra reputación.

Te recomiendo que te formules estas preguntas:

¿Qué dicen de mi marca?

¿Qué dicen de mis productos y/o servicios?

¿Qué dicen de mis empleados?

¿Quién lo dice?

¿En qué plataformas se está diciendo?

¿En qué momento?

¿Cuándo hablan de tu marca?

¿Qué repercusión está teniendo?

La creación, gestión y mantenimiento de una reputación digital es una tarea difícil y complicada.

Marca	URL	Plataforma	Comentario	Fecha	Sentiment

Se basa fundamentalmente en rastrear, identificar y seleccionar y monitorizar aquellos que se dice sobre la marca, servicios, productos, etc. en internet.

Análisis de la estrategia de redes sociales de la empresa y competencia

Un análisis profundo de la competencia es un punto imprescindible de cualquier plan.

Realizando un correcto benchmarking podrás determinar en qué situación competitiva se encuentra tu competencia.

Pero también conocer, cuáles son sus fortalezas y sus debilidades para en consecuencia poder tomar decisiones estratégicas.

Antes de empezar a realizar el análisis de la competencia tendrás que hacerte preguntas como:

¿En qué redes sociales tiene presencia nuestra competencia?

¿Qué uso le dan a cada red social?

¿Tienen los perfiles optimizados?

¿Qué tipo de contenido generan en cada red social?

¿Cuál les funciona mejor y peor?

¿En qué red social están obteniendo mejores resultados?

¿Tienen un plan de social media marketing?

¿Qué estrategias, acciones y campañas están llevando a cabo?

¿cuáles se pueden utilizar y cuáles no?

¿Qué resultados están obteniendo?

Por ejemplo, una herramienta que recomiendo para analizar la estrategia de marketing en redes sociales de la competencia es Buzzsumo .

También me gusta mucho utilizarla para analizar las estrategias de marketing en Facebook de la competencia.

Hay muchas herramientas que podrás utilizar a la hora de estudiar la estrategia social media de la competencia, pero no te ofusques en probar todas.

Primero determina qué métricas quieres conocer y después utiliza únicamente aquellas herramientas con las que vas a poder extraer esas métricas.

Te aconsejo hacer una tabla para poder ver de forma visual en qué redes sociales está tu competencia y en cuáles no, así como en número de seguidores en cada red social.

Competidor 1							
Competidor 2							
Competidor 3							
Competidor 4							
Competidor 5							

Este análisis es muy recomendado porque existen distintas redes sociales y no tenemos porqué tener la misma presencia en ellas que nuestra competencia.

4) Análisis de la situación: Análisis FODA en las redes sociales

El Análisis FODA es una herramienta imprescindible para establecer un punto de partida sobre el cual poder desarrollar el plan de social media marketing.

Conocer cuál es la situación de la empresa en términos de:

- Estrategias en redes sociales
- Posicionamiento
- Reputación online
- Usabilidad

Será fundamental para determinar qué estrategia implementar y qué acciones y campañas le acompañarán para alcanzar los objetivos propuestos.

El análisis FODA es una matriz compuesta por dos partes: una parte interna (fortalezas y debilidades) y una parte externa (oportunidades y amenazas).Para llevar a cabo un correcto FODA será imprescindible haber definido correctamente la meta inicial, todo análisis debe hacerse enfocado a una meta que se pretende alcanzar.

Debilidades:

En este apartado tienes que ser totalmente objetivo y honesto. Es imprescindible que lleves a cabo un análisis crítico para conocer de primera mano aquellos factores que te están dificultando alcanzar tus objetivos.

Por ejemplo:

- Dificultades para llevar a cabo campañas en redes sociales.
- Falta de experiencia en social media.

- Dificultad para hacer campañas de publicidad y medir su ROI.
- Falta de herramientas o recursos para llevar a cabo las acciones y poder meditarlas.
- Alta tasa de abandono del carrito.

Fortalezas:

Tendrás que pensar cuáles son aquellos elementos o factores que te hacen mejor en comparación a tus competidores.
Por ejemplo:

- Alto nivel de atención al cliente.
- Elevada tasa de conversión de la web.
- Planificación de campañas de social media exitosas.
- Alto retorno de la inversión en campañas de Ads.
- Personal altamente cualificado y formado en social media.
- Herramientas y recursos suficientes para llevar a cabo el plan de social media marketing.

Amenazas:

Representan todas aquellas situaciones externas que pueden afectar a tu marca de forma negativa.
Por ejemplo:

- Cierre o modificación de las condiciones de redes sociales donde tenemos una importante presencia.
- Estrategias de las empresas competidoras.
- La estrategia de social media del principal competidor está gestionada por una compañía de social media de alto prestigio.

Oportunidades:

Factores externos que pueden representar una ventaja competitiva en comparación con tus competidores.
Por ejemplo:

- La competencia no tiene una plan de social media marketing.
- Ninguna empresa competidora está utilizando el video marketing en su estrategia de social media.
- No se está aprovechando el potencial del blog para atraer potenciales clientes cualificados.
- Ninguna empresa está obteniendo buenos resultados en una determinada red social.

La clave del éxito está en maximizar las oportunidades y fortalezas y en contrarrestar las amenazas y debilidades.
Recomendaciones para realizar un correcto análisis DAFO en Social Media:
Recopila información de los propios empleados para saber qué se está haciendo bien y qué se está haciendo bien.

Tus trabajadores son el activo más importante que tienes y podrán tratar el tema de forma objetiva.

Solicita información sobre campañas de social media que hayan llevado a cabo con anterioridad para ver cuáles han sido sus resultados.

Averigua de qué herramientas disponen y comprueba si les están dando el correcto uso.

Pregunta cuáles son sus principales competidores y después búscalos tu mismo en base a tus propios criterios.

Obtén información de sus clientes, son el activo más valioso que posee una empresa y del que más puedes obtener información para diseñar posteriormente la estrategia de social media.

Es muy importante convertir las debilidades en oportunidades.

Eso sí, hay que tener claro que tener por ejemplo tres debilidades no significa que vayamos a tener tres oportunidades.

Puede haber una debilidad y diez oportunidades, no es necesario que se casen.

5) Localiza a tu público objetivo

Una vez has completado la fase de análisis del social media plan es hora de identificar a tu audiencia objetivo.

Uno de los pasos más importantes de todo el documento.

Una correcta segmentación nos hará estar más cerca del éxito, una segmentación incorrecta, te hará fracasar.

¿De qué sirve tener el mejor producto y/o servicio si no se lo estoy ofreciendo a la persona correcta?

¿De qué sirve tener un gran producto y/o servicio si no está resolviendo ninguna necesidad o ayudando a mejorar la vida de las personas?

En esta fase es primordial identificar a tu Comprador Ideal.

El buyer persona no es más que el estereotipo de tu cliente ideal y del cual tendrás que conocer todos y cada uno de los puntos de dolor que le motivan a tomar una decisión de compra u otra.

Antes de empezar a definir a tu buyer persona deberás hacer un brainstorming y plantearte una serie de preguntas como:

¿Cuál es el segmento al que te diriges?

¿Qué edades tienen?

¿Tienes claro el tipo de personas que les puede interesar lo que ofreces?

¿Por qué les puede interesar?

¿Qué hará que te compren a ti en vez de a la competencia?

¿Qué objeciones pueden mostrar a comprarte?

¿Cuáles son sus puntos de dolor, es decir, qué les motiva a tomar las decisiones de compra?

¿En qué canales sociales se encuentra tu audiencia?

¿Cuál es su comportamiento de compra?

¿Cuándo compra?

¿Dónde compra?

¿Por qué lo compra?

¿Cuál es su personalidad?

También puedes utilizar herramientas como Metricool que te permite conocer más datos de tus fans y seguidores.

De esta forma, tendrás más datos para poder elaborar tu estrategia.

Porque no es lo mismo dirigirse a un público entre 16-22 años, que a un público entre 45-54 años.

Cada uno tiene sus propias necesidades, motivaciones y deseos.

6) Determinación de los recursos necesarios

Deberás de tener en cuenta todos los recursos humanos, financieros y herramientas de qué dispones para llevar a cabo tu plan de social media.

¿De qué sirve hacer una mega estrategia si después no vas a tener los suficientes recursos financieros para ejecutarlo?

¿O si no vas a disponer de los suficientes empleados para llevarlo a cabo?

Por eso, antes de decidir en qué redes sociales vas a tener presencia y qué estrategia de social media vas a llevar a cabo es necesario que reflexiones sobre:

- El presupuesto de que dispones.
- El personal cualificado que tienes.
- Si dispones de las herramientas necesarias.

7) Elección de las Redes Sociales

Ahora que ya has hecho un análisis profundo de todos los factores que pueden influir en tu estrategia.

Sabes a qué personas te diriges y cómo debes de llegar a ellos.

Es ahora cuando tienes que terminar en qué redes sociales vas a tener presencia.

Muchas empresas y personas comienzan su plan de social media decidiendo inicialmente en qué redes sociales va a tener presencia y publican por publicar.

Es un error garrafal.

Esta decisión puede marcar el éxito o el fracaso de tu estrategia.

Piensa por un momento.

¿cómo vas a elegir las redes sociales antes de saber dónde se encuentra tu audiencia objetivo?

¿Sin antes haber analizado dónde está tu competencia?

Por lo tanto, la elección de una red social u otra va a depender fundamentalmente:

- de tu modelo de negocio
- de dónde se encuentre tu público objetivo
- de tus recursos
- y de tu presupuesto.

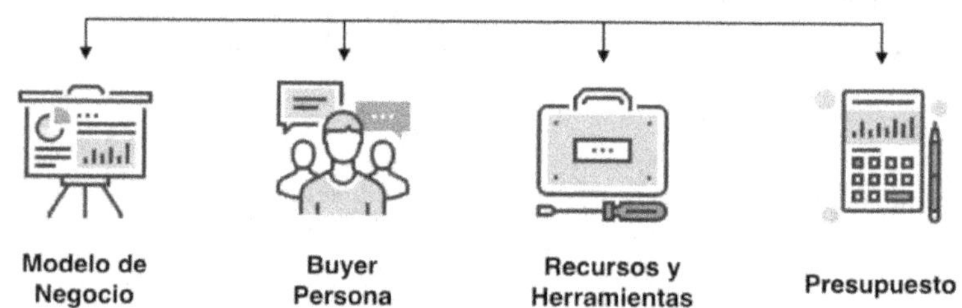

Y ahora sí, vamos con la etapa operativa.

2) Etapa Operativa: Objetivos, Estrategias y Acciones en las Redes Sociales

Una vez has llevado a cabo todo el análisis exhaustivo ya te encontrarás en disposición de definir los objetivos de redes sociales.

Al fin y al cabo, una estrategia de social media no es más que la planificación de todas las acciones que vas a llevar a cabo en los medios sociales para alcanzar los objetivos marcados.

8) Determinación de Objetivos

Definir los objetivos correctamente es básico.

Una correcta definición de objetivos te permitirá medir los resultados y comprobar si vas por el buen camino o si te estás desviando.

Puedes tener tanto objetivos cualitativos, como objetivos cuantitativos.

Pero es fundamental que los determinen en función de las metas de negocio que quieras alcanzar.

Normalmente, los objetivos de un plan de social media marketing suelen ir enfocados a:

- Mejorar el posicionamiento de tu página web o blog en los motores de búsqueda.
- Incrementar el tráfico.
- Aumentar la base de datos de leads.

- Incrementar las descargas de tu App.
- Incrementar las conversiones del sitio web.
- Aumentar el nivel de fidelización de tus clientes actuales.

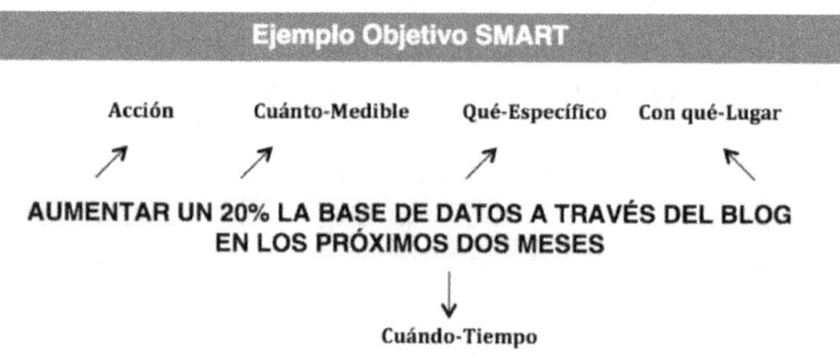

Independientemente de los objetivos que quieras conseguir con tu social media plan, estos deben seguir sí o sí una estructura SMART para que puedan ser medidas de forma correcta.

9) Definición de la estrategia de social media

Cuando te pongas a diseñar la estrategia tienes que ir un paso más allá de las típicas publicaciones.
Como te he dicho a lo largo del artículo, no se trata de publicar por publicar.
Se trata de publicar contenido que cumpla un objetivo.
Por eso es tan importante crear contenido que esté relacionado con cada una de las etapas del embudo de conversión TOFU, MOFU y BOFU.

A la hora de definir cualquier estrategia me gusta utilizar la Matriz OGSM.

OBJETIVOS	GOALS	STRATEGY	MEASURES	TACTICS
QUÉ queremos conseguir	PASOS cuantitativos hacia el objetivo	CÓMO conseguir los objetivos	HITOS numéricos del proceso	QUÉ acciones vamos a llevar a cabo
QUÉ	QUÉ	CÓMO	CÓMO	QUÉ
Cualitativo	Cuantitativo	Cualitativo	Cuantitativo	Cualitativo
Palabras	Números	Palabras	Números	Palabras

La ventaja de utilizar esta Matriz es que de un simple vistazo puedes saber todo lo que necesitas:

- Qué quieres conseguir.
- Cómo lo vas a conseguir.
- Qué vas a hacer para ello.

Objetivo -> Estrategias -> Acciones
Teniendo claro esto, el siguiente paso ya es concretar cada una de las estrategias.

Una estrategia de contenidos es como ir al gimnasio.

Para que empiecen a aparecer los resultados debes de esperar por lo menos 6 meses.

Tienes que tener mucha paciencia ya que, en la mayoría de los casos es un proceso lento.

Hay una cosa que debes tener clara.

Lo que buscan las personas son soluciones a sus problemas y sus necesidades.

De ahí la importancia de saber cómo buscan y con qué palabras buscan para trazar una estrategia que te posicione como la alternativa número uno para satisfacer sus deseos.

Por eso es tan importante planificar un calendario editorial para tu blog.

Acciones de Social Media Optimization (SMO)

¿De qué sirve un plan de social media si no optimizas las acciones sociales que vas a llevar a cabo?

De eso se trata el Social Media Optimization.

El SMO consiste en llevar a cabo una serie de técnicas para incrementar la visibilidad y de esta forma conseguir incrementar el tráfico y el posicionamiento.

Para ello, tendrás que llevar a cabo las siguientes acciones de SMO:

Facilitar la compartición de tus contenidos en redes sociales a través de los botones sociales.

Incrementar la visibilidad de tus contenidos a través de presentaciones en SlideShare, vídeos de Youtube, difusión en grupos afines. Es decir, adaptar el contenido a otros formatos.

Realizar comentarios en otros blogs y enlazar contenidos ajenos en tus propios contenidos.

Generar contenido de valor en el blog que sea atractivo para ser compartido.

Que el contenido publicado esté asociado a palabras clave y determinados hashtags.

El dinero está en tu base de datos.

¿Cuántas veces has escuchado eso?.

Pues es totalmente cierto.

El email marketing es uno de los canales que más conversiones te pueden proporcionar.

Por eso, deberás de pensar qué estrategias de captación de leads vas a planificar.

Pero no solo eso.

También, cuál es el tratamiento que le vas a dar a posteriori a esos leads.

Recuerda que las acciones de tu plan de social media deben de estar ligadas a tus objetivos.

Por ejemplo, si tienes tres objetivos, deberás diferenciar diferentes acciones con su correspondiente estrategia para alcanzarlos.

También puede darse el caso de que tengas que planificar 5 acciones distintas para alcanzar un mismo objetivo.

Pero también podría ser que con una misma acción puedas lograr varios objetivos de forma simultánea.

Por ejemplo, realizar X acción en redes sociales puede hacer que cumplas el objetivo de tráfico y el objetivo de posicionamiento.

Imagina que uno de los objetivos es mejorar el posicionamiento.

Las acciones podrían ser optimizar la web para SEO y hacer tableros en Pinterest que te posiciones y que te dirijan el tráfico a tu web.

¿Ves la diferencia entre objetivo y acción?

El objetivo no es crear 10 tableros, eso es una acción.

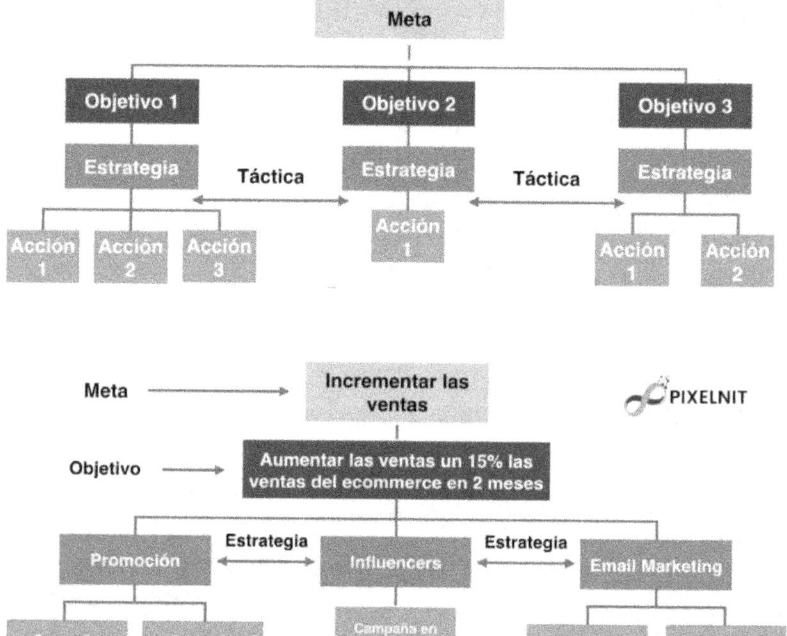

Estrategias de fidelización

Estás de acuerdo conmigo en que cada vez hay más competencia.

Los usuarios tienen mayor poder de información y por lo tanto una mayor libertad de elección de alternativas.

Cada vez se están fragmentando las audiencias, por esto y por otros muchos motivos, es indispensable que tu empresa cuente con un plan de fidelización.

Hay diversos estudios que indican que adquirir un nuevo comprador llega a costar entre 5 – 10 veces más que fidelizar un cliente actual.

Si a esto le sumamos que un cliente fidelizado suele gastar un 67% más que uno nuevo, se ve la necesidad de contar con una estrategia de fidelización dentro del plan de social media.

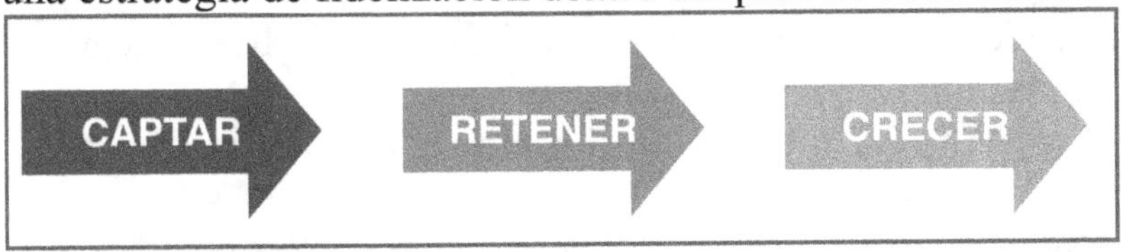

Como ejemplo de estrategias de lealtad puedes utilizar herramientas y factores como:

- La gamificación.
- Email Marketing.
- Notificaciones push a través de Apps.
- Redes sociales: sorteos y promociones.
- Member Get Member.
- Encuestas de satisfacción y mejora.

3) Etapa de ejecución de la Estrategia en redes sociales

Ahora que ya sabes las estrategias y acciones que van a formar parte de tu plan de social media es necesario que conozcas el tiempo que vas a necesitar para implementar de forma óptima tu plan social media.

Calendario Editorial y Calendario GANTT

El calendario editorial en redes sociales será la herramienta que te permita ejecutar la estrategia.
Debe ser el timón que marque el rumbo al éxito de tu plan de social media.
También deberás de tener en cuenta, cuál es la mejor hora para publicar contenido en redes sociales.
La frecuencia de publicación y otra serie de variables.
Tips para hacer un calendario editorial perfecto:
Separa las actividades según su duración y regularidad.
Pueden haber acciones que únicamente se tengan que realizar una vez al mes y otras que se deban de hacer de forma más continua.
Agrupa las acciones en diferentes tipos
Utiliza distintos colores para cada tipo de acción para poder distinguirlas de una forma clara y sencilla.
Ten en cuenta aquellos elementos del entorno que no puedes controlar

Por ejemplo, eventos deportivos, eventos de tu sector, acontecimientos políticos, etc.

Debes de apuntarte los eventos estacionales

La Navidad, Semana Santa, Día del Padre, etc. son fechas en las que tendrás que tener tus redes sociales a pleno rendimiento.

Además deberás de hacer un Calendario GANTT.

Con el que podrás comprobar cada semana qué tareas tienes que hacer.

Pero no solo eso.

Podrás ver cuándo vas a tener que llevar a cabo más tareas, y con ello tener en cuenta los recursos de que dispones.

4) Etapa de Medición de la estrategia en redes sociales

La etapa de medición es vital para saber si tu plan de social media está dando resultados positivos o negativos.

Todo lo que se puede medir se puede mejorar.

Tendrás que llevar a cabo una minuciosa medición de todas las acciones.

Es la única forma de saber lo que funciona y lo que no funciona.

Es muy importante que sepas diferenciar entre métricas y KPI.

Todas los KPI son métricas pero no todas las métricas son KPI.

Las métricas a las que vas a tener que prestar más atención son aquellas que formen los indicadores .

Pero no debes descuidar el resto de métricas.

Si un día cambian tus objetivos y cambian tus KPI, las métricas pueden variar también.

FACEBOOK	INSTAGRAM	TWITTER	YOUTUBE	BLOG
GENERAL				
Nº de Publicaciones Seguidores en FB Nuevos Seguidores semanales Ya no me gusta	Nº de publicaciones Seguidores en IN Nuevos seguidores semanales Ya no me gustas	Nº de Tweets Seguidores en TW Nuevos followers semanales Unfollowers Klout	Nº de vídeos Suscriptores en Youtube Nuevos suscriptores semanales No suscriptores	Nº de post Visitas Sesiones Usuarios
ALCANCE				
Alcance de la página de la página orgánico Alcance pagado Impresiones de las publicaciones Alcance de las publicaciones Alcance de fans Alcance de no fans Ratio de alcance (%)	Impresiones publicaciones Ratio de alcance	Impresiones de las publicaciones Alcance de un # Impresiones de un # Nº de tweets de un # Ratio de alcance (%)	Visualizaciones orgánicas Visualizaciones pagadas Visualizaciones en escritorio Visualizaciones en el móvil	Visitas tráfico directo Visitas tráfico referido Visitas tráfico orgánico Tráfico social Tráfico pagado
INTERACCIÓN				
Me gusta totales publicaciones Comentarios totales publicaciones Comparticiones totales publicaciones Visualizaciones de las imágenes Reproducción de videos Clics totales publicaciones Total de interacciones Fans que interactúan	Me gustas Comentarios Menciones Repost Ratio de engagement (love) Ratio de engagement (talk) Engagement seguidores	Me gusta Replies RT / Citas tweet Clics totales publicaciones Total interacciones Tasa de interacción Ratio de engagement	Me gustas Comentarios Comparticiones Total interacción	Nº de páginas sesión Duración media sesión % medio visitas página Porcentaje de rebote Top páginas vistas Social Share Comentarios
CONVERSIÓN				
Clics en enlaces Clics de pago Leads Captados	Clics en el enlace de la bibliografía Clics en enlaces de contenido Clics de pago	Nº de clics en enlaces propios Leads on twitter Cards Clics de pago	Clics en enlaces Clics en cards	Cumplimiento objetivos Tasa conversión

10) Determinar los indicadores KPI

Para saber si tu estrategia de social media está funcionando o no, es obligatorio que definas los KPI en Marketing en función de los objetivos que te has marcado.

Los KPI serán los indicadores que te permitirán medir y controlar los resultados que estás obteniendo para ir optimizando tus estrategias y acciones.Cualquier acción que lleves a cabo debe ser analizada y optimizada.

Para que te quede más claro cómo has de definir los KPI de tu plan de social media fíjate en este ejemplo.

Imagínate una empresa que tiene cinco objetivos de marketing:

- Conseguir un mejor posicionamiento.
- Aumentar la visibilidad.

- Captar más leads.
- Incrementar la conversión.
- Mejorar la fidelidad.

Debes desglosar tus objetivos de marketing en objetivos generales que te indiquen qué quieres conseguir y de esta forma transformar los objetivos en KPI.

También debes recordar que las KPI de un proyecto son únicas, cada proyecto va a tener sus propias KPI.

Es recomendable que no utilizar un gran número de indicadores,

lo ideal es que no tengas más de diez KPI entre todos los objetivos, para no dificultar su medición.

OBJETIVOS MARKETING	OBJETIVOS GENERALES	KPI
POSICIONAMIENTO	Qué me encuentren	Visitas orgánicas
VISIBILIDAD	Que te conozcan	Nuevas visitas
	Qué visitan	Páginas vistas
	Calidad visitas	% de rebote
	Calidad visitas	Duración media
CAPTAR LEADS	Registro Web	% Conversión leads
	Suscriban newsletter	% Suscripción
CONVERSIÓN VENTAS	Compren	% Conversión
FIDELIZACIÓN	Vuelvan a visitar	Sesiones recurrentes
	Repitan compras	% Repetición Compra
	Compartan contenido	% Shares

Si todavía no tienes claro cómo definir los KPI de tu estrategia social media te lo voy a explicar de la forma que me lo explicó en su día mi profesor del Posgrado de Social Media Pedro Rojas.

Primero has de pensar en cuáles son tus metas y objetivos y después hacerte una serie de preguntas como:

- ¿Qué métricas influyen en la consecución de los objetivos y metas del negocio

- ¿Estas métricas son claves para el desarrollo de la estrategia social media?
- ¿Se pueden medir y comparar de forma semanal, mensual y trimestralmente con otros indicadores?

Y a continuación como te he dicho anteriormente, deberás de convertir esos objetivos en KPI para poder medir y verificar que la estrategia social media se está llevando a cabo de forma correcta.

Lo que te recomiendo en este caso es que hagas un cuadro de mandos en el que asocies cada KPI con tres posibles situaciones:

- KPI > resultado = No hace falta tomar medidas
- KPI = resultado = Hacer un seguimiento
- KPI < resultado = Hay que tomar medidas

De esta forma podremos observar de una forma muy sencilla si estamos alcanzando los objetivos o si de lo contrario tenemos que tomar medidas.

Porque en caso de que no se esté alcanzando los KPI se debería tener en cuenta una serie de medidas a llevar a cabo para cambiar la situación.

Medir el ROI en marketing

De nada sirve crear la mejor estrategia de redes sociales si después no recuperamos la inversión que hemos realizado.

Por eso será imprescindible calcular el ROI en marketing de cada una de las campañas en redes sociales que hayamos hecho.

Por si no lo sabías, la fórmula del ROI es la siguiente:ROI Marketing = [(Beneficios Marketing – Inversión Marketing) / Inversión Marketing] *100

Para medir el ROI en social media primero debes de tener claro estos conceptos:

- CPM: El Coste de llegar a 1000 personas.
- CPC: El coste por cada clic.
- CPA: El coste de adquisición.
- CPV: Cuánto nos cuesta conseguir cada venta.
- Conversión: Cuando un usuario realiza una acción que nosotros queremos, ya sea un registro o una compra.

Lo que tendremos que hacer es controlar cada una de estas variables.

Por ejemplo, si nos cuesta demasiado dinero llegar a 1000 personas, deberemos de cambiar las acciones que estamos haciendo para impactarlas.

Mientras que si el CPA es demasiado alto, deberemos de cambiar la estrategia con la que tratamos de conseguir los clientes.

¿Entiendes el proceso?

Si recuerdas, cuando hemos definido las KPI también hemos dicho que si no los alcanzamos deberíamos de tomar medidas.

Lo mismo pasaría aquí.

- Si ROI = 0

- Si ROI < 1
- Si ROI > 1

En caso de ser negativo, es que estamos invirtiendo más en las campañas de redes sociales de lo que conseguimos recuperar.

Por lo que deberemos de analizar dónde estamos fallando y dónde estamos perdiendo el dinero.

Plan de crisis en redes sociales

Finalmente, deberás de hacer un plan de crisis para redes sociales.

Si estás un poco dentro del sector del marketing digital, sabrás que son varias las crisis de social media que se han dado por no tener unos protocolos de comunicación y crisis.

Normalmente este servicio no forma parte del presupuesto del plan de social media y hay que presupuestarlo de forma independiente.

Una cosa que te recomiendo en este punto es que te pongas en contacto con el equipo comercial o de servicios de atención al cliente y les preguntes cuáles son las quejas más repetidas.

De esta forma, al conocer cuáles son las principales quejas también podrás crear diferentes protocolos de comunicación.

Presupuesto para llevar a cabo la estrategia en Redes Sociales

Si te estás preguntando cuánto cuesta o cuánto cobrar por un plan de social media es ahora cuando tienes que concretarlo.

Ningún plan cuesta igual que otro.

¿Por qué?

Porque cada proyecto tiene unas necesidades de análisis diferentes al otro.

Además, de nada serviría hacer un mega presupuesto si después no se va a tener el personal cualificado necesario para ejecutarlo.

Por lo que ahora de hacer el presupuesto lo primero que te recomiendo es que tengas en cuenta cuántas horas vas a invertir en planificar la estrategia y le asignes un precio a cada una de tus horas.

Y después, añadas la inversión que va a ser necesaria realizar en cada uno de los canales.

Herramientas para llevar a cabo la estrategia en Redes Sociales

Como te he dicho, existen muchas herramientas para analizar el rendimiento de las estrategias social media propias las de la competencia.

Pero no debes de perder el foco y solo debes de utilizar aquellas que te ayudan a alcanzar tus objetivos.

Klout	SimilarWeb	Seolyze
Social Mention	Alexa	Developer
Listas de Twitter	SEMrush	Page Speed

Foller.me	Moz	Pingdom
Followerwonk	Xovi	Keyhole
Twitter Counter	Ahrefs	LNK361
Twitonomy	Kw Finder	Mail Tracking
Fanpage Karma	Sistrix	Google Trends
LikeAlyzer	Keyword Planner	Google Alerts
Buzzsumo	KeywordSpy	Built With
Simply Measured	Woorank	What WordPress Theme

Barometer	SEOquake	WP Theme Detector
Facebook Insight	Open Site Explorer	
Feedly	SpyfuScreaming Frog	

Conclusión

10 Pasos para llevar a cabo la estrategia en redes sociales Efectivamente

PASO 1: ¿Cuál es el modelo de negocio?

¿Cuáles son las vías de ingreso? ¿Qué productos se venden más? ¿En qué zonas geográficas? ¿Cuántos trabajadores hay?

PASO 2: ¿Cuál es la meta del proyecto?

¿Qué se pretende alcanzar con el plan de redes sociales?

PASO 3: Auditoría de Redes Sociales

Análisis Web y competencias, análisis campañas SEM, análisis email Marketing, análisis SEO

PASO 4: Análisis FODA

Fortalezas, Oportunidades, Debilidades, Amenazas

PASO 5: Define tu público objetivo

¿Quién es tu comprador ideal? ¿Cuáles son sus puntos de dolor? ¿Cuáles son sus objetivos? ¿Y sus aspiraciones? ¿Qué les impide conseguirlos?

PASO 6: Define los recursos necesarios

De qué recursos (tangible o intangible) dispones para llevar a cabo la estrategia

PASO 7: Elección de las redes sociales

¿En qué redes sociales se debe tener presencia?

Deben ser objetivos SMART, "Aumentar un 20% los suscriptores del blog a través de Facebook Ads en menos de 2 meses"

PASO 9: Estrategia Social Media + calendario editorial GANTT

PASO 10: Medición de resultados

Establecer los KPI, ¿Se están alcanzando?

CAPÍTULO 2

Ventajas y Desventajas en el uso de redes sociales

Ventajas de las redes sociales para los negocios

Las empresas tienen que saber hacer un buen uso de los medios sociales, el problema es que todavía hay muchas organizaciones que no tienen claro si tienen que estar o no.

Algunas de ellas por desconocimiento de cómo se tienen que gestionar de forma profesional y otras porque no creen que realmente funcionen.

Otras simplemente piensan que cualquier persona puede gestionarlas y no saben que se necesita de personas cualificadas.

No en vano, si realmente te tomas en serio la presencia de tu empresa en los medios sociales, vas a tener que llevar a cabo tu estrategia.

Si eres de esas personas que todavía tiene sus dudas, voy a tratar de explicarte cuáles son los beneficios de las redes sociales para empresas para que termines de dar el paso y empezar a utilizarlas.

Beneficios de las redes sociales para negocios

1. Te permiten diferenciarte de la competencia

Una de las ventajas de las redes sociales es que con imaginación te permiten diferenciarte de la competencia sin necesidad de tener un mayor presupuesto.

Por ejemplo, Facebook ha incorporado la posibilidad de sustituir una imagen estática en su portada por un vídeo y son aún pocas las empresas que están utilizando esta nueva opción.

Por lo que es una muy buena diferenciación porque las personas todavía no están del todo acostumbradas a ver vídeos y es algo que les llamará la atención.

Aquí tienes un ejemplo de la página de Facebook de Cinesa en el que para promocionar el trailer de la película de los Vengadores han decidido incluir un vídeo promocional.

2. Puedes hacer publicidad a menor coste

Lo bueno de las redes sociales es que gracias a ellas podemos hacer anuncios a un menor coste que otros canales como Google Adwords.

Además, son una magnífica herramienta para llegar a personas que no nos conocen pero también para impactar a personas con las que ya tenemos una relación con el objetivo de delizarlas.

Otro de los usos de las redes sociales que más me gusta es que nos permiten conocer al dedillo a nuestro público objetivo o Buyer persona.

¿Cómo?

Gracias a la gran cantidad de información que podemos extraer.

3. Conocerás mucho mejor a tu público objetivo

Gracias a esta herramienta vamos a poder conocer:

La edad y el sexo de nuestro público objetivo. Su situación sentimental.
Su nivel de formación y cargo.
Otras páginas que les gustan.

Sus principales intereses. Su lugar de residencia.

4. Captar Clientes Potenciales

Cada vez son más las empresas que tratan de captar clientes a través de las redes sociales, y es que este, es uno de los principales beneficios de las redes sociales para las empresas y profesionales.

Gracias a ellas podemos conseguir aumentar nuestros leads (conseguir datos personales de nuestro público objetivo) y de una forma más económica que en otros canales como por ejemplo, Adwords.

5. Incrementar las Ventas del Negocio

No nos vamos a engañar, uno de los principales usos de las redes sociales para las empresas es para conseguir aumentar las ventas de sus productos o servicios.

Pero, aunque las plataformas sociales no son un canal importante a la hora de vender por internet (dado que únicamente un 14% de la población ha comprado directamente a través de una red social), si que inuyen de forma activa en las ventas.

Según el IAB, a un 65% de las personas encuestadas les han inuido a la hora de realizar una compra y, un 39% busca información en ellas antes de realizar una compra por internet.

La red social que más influye en el proceso de compra para las personas es Facebook.

6. Mejora el Servicio de Atención al Cliente

Se han convertido en un canal complementario de atención al cliente y, en muchas ocasiones, es el primer canal que utilizan las personas para informarse o reclamar a las empresas.

La atención al cliente a través de las redes sociales son una forma ecaz de diferenciarse de la competencia
Por ello, es fundamental tener una estrategia de atención al cliente en redes sociales para que el consumidor vea que la marca se implica en resolverle los problemas al consumidor y, de esta forma, diferenciarse de la competencia.

Por ejemplo, una empresa que ha decidido apostar fuerte por tener una estrategia de atención al cliente en Twitter es el Banco Santander, que ha abierto una cuenta destinada exclusivamente al servicio de atención.

7. Mejorara la reputación online de una marca

Para el 31% de las personas encuestadas, las marcas que tienen presencia en redes sociales les inspira más confianza.

Para verlo de una forma más práctica, he buscado un caso de éxito de cómo lo que pudo ser una crisis de reputación para el Grupo Bimbo en México se convirtió en una oportunidad de negocio gracias a éstas y a la utilización de herramientas de monitorización como BrandWatch.

Uno de los productos que forman parte de la categoría de pasteles Marinela es "El Gansito".

El Gansito es un producto que conoce el 90% de la población, por lo que es un producto con gran notoriedad en el mercado y que puede afectar tanto de forma positiva como negativa en la marca.
Por 2015, la Agencia de Publicidad que presta sus servicios a Bimbo (Vector B) identificó una tendencia de comentarios negativos sobre Bimbo y más concretamente sobre el Gansito, que coincidía con el lanzamiento de el "Gansito Red Velvet" pero para Estados Unidos.

Grupo Bimbo no tenía pensado en sus planes hacer este nuevo producto para el mercado Mexicano porque pensaban que no les iba a gustar , sin embargo, resultó todo lo contrario, ya que se tradujo en una indignación de los mexicanos por haber lanzado ese producto en EEUU y no en México.

Pues, gracias a las monitorización, Bimbo convirtió esta "crisis de reputación online" en una oportunidad de negocio al sacar el producto en el mercado mexicano gracias a la escucha activa de su marca

¿Ves con este ejemplo el potencial y las ventajas de las redes sociales para las empresas gracias a la escucha activa?

8. Es una Fuente de Tráco importante

Otro de los grandes beneficios del uso de las redes sociales para negocios para las empresas es la posibilidad de incrementar su tráfico web gracias a la visibilidad que se puede conseguir en estas plataformas.

Eso sí, para conseguir eso es fundamental que hayas hecho un calendario editorial para las redes sociales (más adelante te daremos el paso-a-paso que cómo crearlo).

9. Comunicación en tiempo real con tu audiencia

Son un canal de comunicación que nos permite comunicarnos con nuestra audiencia de forma bidireccional y en tiempo real a través de comentarios o mensajes.

Además, cada vez más, la tendencia evoluciona hacia una comunicación in streaming con nuestra audiencia.

Por lo que una ventaja de las redes sociales para las empresas será poder ver en tiempo real las reacciones de las personas ante de la comunicación de la empresa.

10. Crear, Conocer y fidelizar una Comunidad

Otro aspecto pro de las redes sociales es que te permite crear, conocer y fidelizar a una comunidad.

No en vano, estas son unas de las principales funciones que corresponden al Community Manager.

Ahora bien, ¿cómo conocer mejor a nuestra comunidad a través de las plataformas sociales?
Por ejemplo, podemos utilizar las estadísticas que nos proporcionan para conocer mejor a nuestra comunidad, saber sus intereses o conocer cuáles son las horas en las que suelen estar conectados.

11. Potencia la Marca Personal

Tener una fuerte marca personal es fundamental a la hora de diferenciarnos tanto de forma personal como de forma profesional.

Y es que, gracias a ellas vamos a conseguir potenciar nuestra marca personal ya que pueden actuar de "altavoz" a la hora de difundir nuestros contenidos y con ello, poder llegar a un mayor número de personas.

12. Fomenta el Networking

Como bien diría Alejandro Novas, una de las principales
ventajas de las redes sociales para los profesionales es el
networking que se puede conseguir a través de ellas.
En un mundo tan dinámico como en el que nos encontramos
ahora, relacionarnos con personas anes a nuestro trabajo es
fundamental para conseguir aumentar la visibilidad de la
propia marca personal y, a través de las plataformas sociales
podemos hacerlo.

Si creas una fuerte marca personal y además llevas a la
práctica el networking la probabilidad de que encuentres
trabajo incrementa.

Una red social que funciona muy bien para encontrar trabajo
es Linkedin.

Es una red social de uso profesional con la que si
conseguimos diferenciarnos, compartir contenido de calidad,
mantenernos participativos en los debates y aumentar nuestra
red de contactos, tendremos más fácil encontrar trabajo.

Además, también debes de tener en cuenta que muchas
empresas y reclutadores antes de contratar a un trabajador
revisan los perles personales de los candidatos para
comprobar que lo que transmite en internet está en
coherencia con los valores de la empresa.

Por lo que ten cuidado, porque lo que pueden ser grandes
oportunidades laborales, también puede convertirse en un
inconvenientes.

13. Facilita la posibilidad de encontrar trabajo

Si creas una fuerte marca personal y además llevas a la práctica el networking la probabilidad de que encuentres trabajo incrementa.

Una red social que funciona muy bien para encontrar trabajo es Linkedin.

Es una red social de uso profesional con la que si conseguimos diferenciarnos, compartir contenido de calidad, mantenernos participativos en los debates y aumentar nuestra red de contactos, tendremos más fácil encontrar trabajo.

Además, también debes de tener en cuenta que muchas empresas y reclutadores antes de contratar a un trabajador revisan los perfiles personales de los candidatos para comprobar que lo que transmiten en internet está en coherencia con los valores de la empresa.
Por lo que ten cuidado, porque lo que pueden ser grandes oportunidades laborales, también puede convertirse en un inconvenientes.

14. Potencian la imagen de marca

Gracias a las redes sociales se puede transmitir la imagen de marca para reforzar el posicionamiento en la mente del consumidor.

Además, son un verdadero escaparate en el que puedes presentar tus productos y servicios de una forma atractiva y llamativa.

Mira el siguiente ejemplo de portada, ¿no te quedan ganas de probar todos y cada uno de los alimentos que sales en la imagen?

15. Medición de los resultados más sencilla

Lo bueno de las plataformas sociales y, en general, del marketing digital es que nos permiten medir prácticamente todas las acciones que llevamos a cabo para saber si estamos cumpliendo nuestros objetivos o no.

Y, esta es una de las principales ventajas de las redes sociales para los profesionales, ya que las acciones online son más difíciles de medir, pero si combinas tanto acciones y o los resultados que obtenga la empresa pueden ser realmente buenos.

16. Facilitan la detección de los problemas de tus clientes potenciales

Otra ventaja de las redes sociales para las empresas es que te permiten conocer los problemas que tu cliente potencial tiene y lo que demanda tu público objetivo.

Por ejemplo, una forma de utilizar las plataformas sociales para identificar los problemas de tus clientes potenciales son los grupos de Facebook, LinkedIn o las Comunidades de Google Plus.

17. Permiten hacer un seguimiento de la estrategia de la competencia en redes sociales

Otro uso de las redes sociales para negocios es utilizarlas para analizar cómo está funcionando la estrategia de los competidores y ver en qué situación estás en comparación con ellos.

Además, existen muchas herramientas para analizar a la competencia online por lo que no tienes ninguna excusa para espiar a tu competencia y ver qué acciones les están funcionando y cuáles no.

18. Puedes hacer pruebas de mercado con nuevos productos

Las plataformas sociales también son utilizadas por muchas empresas para conocer la opinión de los consumidores sobre nuevos productos que lanzan al mercado para saber su opinión y poder extraer datos sobre la aceptación del producto en el mercado.
Y lo que hicieron para saber el interés de sus consumidores es hacer una simple encuesta en Twitter que puedes ver tú mismo.

Desventajas de las redes sociales para negocios

1. Mala Reputación para una marca si no gestiona correctamente las plataformas sociales

Cada vez son más las ocasiones en las que una marca debe afrontarse a una crisis de social media y no saben reaccionar de la forma correcta.

Esto también es debido a que no cuentan o no saben aplicar de forma correcta un manual de gestión de crisis de social media.

Y es que, si haces un uso inadecuado te expones virtualmente a miles de personas que pueden ver "tu metedura de pata" y que se vuelva viral.

Para que veas que no todo son pros y que también hay contras en las redes sociales.

2. Los Trolls

Pero una marca no solo se tendrá que enfrentar a crisis de reputación online por el mal uso que hagan de las redes sociales.

También deberán enfrentarse y saber gestionar a trolls que lo único que quieren hacer es entretenerse a costa de las marcas aún pudiendo perjudicar la imagen a base de mentiras y comentarios desagradables.

Aquí tenéis un ejemplo de un troll de esos graciosos que, ante este tweet de la cuenta de Twitter de la Guardia Civil no se le ocurrió otra cosa que hacer ese comentario.

3. No conocer las normas y el buen uso de las redes sociales

Tener presencia en las plataformas sociales no solo consiste en publicar lo que uno crea conveniente en cada red social.

Cada red social es un mundo diferente y lo que funciona en una, no tiene por qué funcionar en otra.
Para ello es fundamental saber y conocer cuáles son las buenas prácticas en cada red social.

4. Inversión Monetaria y de Tiempo

Una buena gestión y un buen uso de las redes sociales para negocios requiere de una inversión monetaria en contratar a personas cualificadas para su administración y una inversión publicitaria para potenciar el alcance y la difusión del mensaje.

Olvídate de que son gratis porque no es así, requieren de una inversión monetaria y de tiempo para que verdaderamente se alcancen los resultados deseados.

5. Requieren de personal cualificado

Relacionado con el punto anterior, un buen uso de las redes sociales para negocios necesita de personal cualificado, requiere de un Community Manager que gestione la presencia online de una marca de forma correcta.

Las plataformas sociales de una marca no las puede gestionar cualquier persona, la típica frase que antes se oía mucho de "ah el Facebook me lo lleva mi sobrino" ya no tiene cabida si verdaderamente quieres posicionar tu marca como referente..

6. Las redes sociales no son "nuestras"

Como se suele decir "No hay que poner todos los huevos en una misma cesta" y en el caso de las redes sociales pasa lo mismo.
La estrategia digital de una marca no solo se puede depender de los medios sociales porque "no son nuestras".

Son negocios privados con fechas de caducidad, las que funcionan ahora puede que no funcionen en 5 años o puede que desaparezcan.

Esto hay que tenerlo claro y saber que son un canal más para potenciar la visibilidad de la marca, pero ésta debe de tener su propia estrategia a través de su página web o blog.

7. Uso egocéntrico de las redes sociales

¿Cuántas marcas ves que solo ponen tweets sobre sí mismas? ¿o que únicamente hablan de ellas mismas?

Es muy habitual ver esta mala práctica porque muchas desconocen cómo lo deben hacer de la forma correcta.

Las personas no seguimos únicamente a las marcas para que hablen de si mismas, las seguimos para que nos aporten valor y nos proporcionen información que pueda resolver nuestros problemas.

8. Dificultad para "desconectar" en horario no laboral

Uno de los aspectos negativos de las redes sociales es que si no tenemos los horarios bien definidos, no podremos "desconectar" al 100% de ellas.

Esto es principalmente un inconveniente que le suele ocurrir de forma regular a muchos freelance que están conectados a todas horas y no consiguen desconectar del todo.

Por eso es fundamental marcarse y cumplir unos horarios exibles porque muchas veces es necesario desconectar de las redes sociales.

El otro día viendo las noticias la cadena de televisión hacía referencia al riesgo de seguridad que podían suponer las redes sociales en vacaciones.

Párate a pensarlo, imagina que un potencial ladrón tiene controlados a todos los miembros de la familia que viven en una casa, en el momento que ve en Instagram que todos se han ido de vacaciones fuera y que la casa va a estar sola, ¿no crees que será más probable que lleve a cabo el robo?

También hay que tener cuidado con el uso que se le da a la función de localización.

9. Ponen en riesgo la privacidad de las personas

Imagina que sales a correr y utilizas una aplicación para monitorizar el tiempo que corres y el recorrido. Si repites de forma habitual este recorrido los posibles ladrones también podrían llegar a tenerlo en cuenta.

Ventajas y desventajas de las redes sociales para negocios en la educación

La transformación digital que se está produciendo también está afectando a las escuelas, a los profesores y a los alumnos tanto de forma positiva, como de forma negativa.

Y es que el uso de las TIC (Tecnologías de la información y comunicación) abre una nueva forma de comunicación entre alumnos y profesores para conseguir una vinculación entre ambos.

Beneficios de las redes sociales para los estudiantes

Mayor integración de los alumnos

El uso de las redes sociales para negocios en la educación permite una mayor integración de todos los alumnos al poder conocerse de una forma más personal.

Por ejemplo, en las universidades y en los colegios suele ser normal crearse grupos en WhatsApp con los alumnos tanto para preguntar posibles dudas de las clases como para hacer planes fuera de los estudios.

Una de las redes sociales que está funcionando realmente bien para la educación son los grupos de Facebook.

Gracias a los grupos de Facebook se generan debates y se comunican posibles dudas que tienen los alumnos, por lo que es una forma de mejorar la interacción entre los alumnos.

Comunicación desde cualquier lugar y tiempo

Hoy en día es normal que muchos estudiantes opten por irse al extranjero a continuar con sus estudios durante un período de tiempo determinado (lo que se conoce como Erasmus).

El problema es que cuando se vuelve al país de origen, normalmente la comunicación se puede perder pero, gracias a las redes sociales, nunca ha sido tan fácil estar conectado con las personas desde cualquier parte del mundo.

Adicción a las redes sociales

Una de las principales consecuencias del mal uso de las redes sociales para negocios en los más jóvenes es la gran adicción que crean en ellos por no saber cómo gestionarlas en su uso personal.

Muchas personas sienten dependencia por estar conectados a las redes sociales prácticamente las 24 horas al día, además muchas veces puede llegar a ser estresante la multitud de noticias que reciben principalmente los jóvenes.

Pérdida de atención y tiempo

Una de las principales desventajas de las redes sociales en la educación es la pérdida de tiempo que puede conllevar a los alumnos estar conectados a «todas horas» a las plataformas sociales en vez de llevar a cabo sus tareas académicas.

Incluso en clase puede darse la situación que estén conectados mientras que el profesor explica la lección con la pérdida de atención que lleva esto.

Ciberacoso o bullying

Lamentablemente, este es uno de los temas a la orden del día en los últimos años. Las redes sociales tienen numerosos beneficios para la educación, pero también una serie de inconvenientes.

¿Cuántas veces has visto en televisión casos de acoso entre estudiantes a través de las redes sociales?

Éste es uno de los grandes problemas que habría que erradicar.

Conclusiones sobre las consecuencias de las redes sociales

Como has visto son muchos los pros y contras de las redes sociales y principalmente depende del uso que se le den.

Como consejo, si eres una empresa lo que te recomiendo es que antes de empezar a publicar por publicar y perder el tiempo esperando a que los resultados lleguen por si solos, primero hagas un análisis en el que determines cuál es la estrategia que vas a seguir.

También te recomiendo que midas todas las acciones que lleves a cabo para saber qué te funciona pero también aquello que no.

Mientras que a nivel personal, sería recomendable (y esto también me lo tendría que aplicar yo también en demasiadas ocasiones) que no estén tan pendiente de ellas.

CAPÍTULO 3

Calendario de contenidos

Una de las cosas que más dolor de cabeza me ha dado en mi etapa como blogger es cómo crear un Calendario de Contenidos.
¿A ti no te ha pasado que te sentabas frente a una hoja en blanco a pensar sobre qué escribir y quedarte más blanco que la propia hoja?

Una vez tenemos claro de qué escribir el siguiente paso que más nos suele costar es decidir sobre qué escribir en el blog.

¿Te imaginas a Jack Sparrow sin su famosa brújula?

Pues un Calendario de Contenidos es lo mismo que para Sparrow su brújula.

Sin el calendario estamos perdidos y no conseguiremos nuestro preciado tesoro.

Por eso, en este artículo te contaré algunas de las claves para planificar los contenidos de tu blog y sepas en todo momento qué tienes que publicar.

Un Calendario de Contenidos es el documento que nos va a decir qué tenemos que publicar, cuándo lo tenemos que hacer, dónde lo publicaremos y quién será la persona que lo tiene que hacer.

Es decir, es la hoja de ruta de nuestra línea editorial que nos va a permitir saber qué tenemos que publicar y cuándo.

Tener un blog o red social y publicar de forma regular no es nada sencillo.

Ya sea por falta de inspiración o por causas externas siempre podemos encontrar dificultades a la hora de publicar nuestro siguiente artículo.

Para superar todos estos obstáculos es necesario que crees una estrategia de contenidos para tu blog con un mínimo de 6 meses vista.

Y es esencial, que todos los contenidos que crees vayan asociados con tu modelo de negocio (después profundizaremos en ello).

Fases previas para crear el Calendario de Contenidos

Es esencial elaborar una planificación anual, mensual y semanal que contenga tus principales objetivos a alcanzar.

➡ ☐ 1º Fase: Planificación Anual

En esta primera fase deberás tener claro qué quieres conseguir con tu blog este año.
Es decir, ¿cuáles son los principales objetivos?
Para que te puedas hacer una idea, los objetivos de un plan de social media suelen ir enfocados en torno a cinco principales objetivos:

- Mejorar el posicionamiento de tu blog.
- Aumentar el tráfico de tu blog.
- Incrementar nuestra base de datos (leads).
- Promocionar tus productos o servicios.
- Comunicar un mensaje específico

En esta parte de la planificación será fundamental que diferencies entre las distintas épocas del año tanto para tu negocio como la de los festivos.

➡ ☐ 2º Fase: Planificación Mensual

Una vez tenemos la planificación anual, pasaremos a planificar de forma mensual.
Aquí es importante que tengas en cuenta cuándo vas a hacer lanzamientos de nuevos productos, servicios o formación.
Esto es esencial, porque la creación de contenido debe estar siempre asociada a las vías de ingresos del proyecto.

➡ ☐ 3º Fase: Planificación Semanal

Y la última etapa es la planificación semanal.

Es la etapa más operativa de todas, en esta etapa ejecutarás la planificación mensual de acuerdo al calendario de contenidos fijado previamente.

Y ahora sí, una vez tenemos claro que debemos de tener una estrategia de planificación es el momento de saber cómo crear un Calendario de Contenidos.

Cómo crear un Calendario de Contenidos

A la hora de diseñar el calendario para un blog hay 5 elementos que considero imprescindibles.

(Si de verdad quieres conseguir tráfico cualificado claro está).

Estas 5 claves son:

- Modelo de negocio.
- Cliente Ideal.
- Keyword research.
- Planificación de prioridades.
- Plan de promoción.

Vamos a verlo con más detalle y ejemplos para que lo tengas más claro.

1. Modelo de negocio

Uno de los principales errores que veo a la hora de crear el Calendario de Contenidos es que no está alineado con el modelo de negocio.

Muchas personas piensan que con escribir artículos para conseguir el mayor tráfico web posible es suficiente.

No es cuestión de buscar ideas para escribir en un blog o red social por hacerlo.

Los artículos tienen que tener un objetivo concreto.

Da igual que sea:

- Posicionarse en el sector.
- Educar al público objetivo.
- Conseguir leads.
- Aumentar los ingresos por afiliación.
- Incrementar las ventas.
- Fidelizar a los clientes.

Siempre, y repito, siempre, el calendario siempre tiene que estar alineado con las principales vías de ingresos de la marca.

Por ejemplo, imagina un proyecto de marca personal como es mi blog de especialista en Facebook Ads.

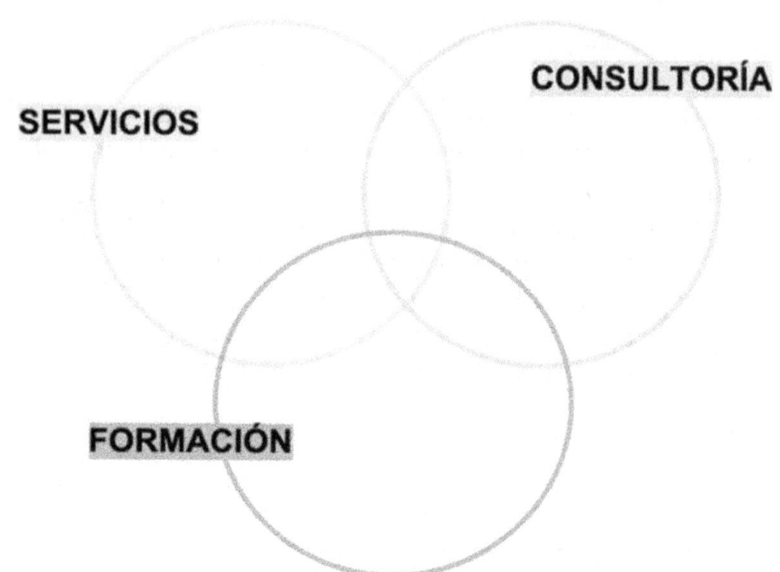

Puede tener tres principales vías de ingresos (aunque realmente pueden ser más):

- Servicios.
- Consultoría.
- Formación.

Entonces, toda la línea editorial debe de estar relacionada con esas tres áreas.

2. Cliente Ideal

Antes de ponerte a buscar ideas como un loco lo primero que deberías de haber hecho es crear tu Cliente Ideal o tu lector ideal.

Para que entiendas esta parte, voy a ponerte un ejemplo.

Una parte de mi modelo de negocio es la gestión de campañas de publicidad en Facebook.

El público objetivo de ese servicio son principalmente:

- Infoproductores.
- eCommerce.
- Negocios Locales.

Cada uno de ellos, tiene diferentes problemas que busca en Google para solucionar sus problemas.

A través del estudio de palabras clave tendremos que identificar cuáles son esas palabras que buscan y crear el contenido.

3. Estudio de palabras clave

Es muy muy difícil crear un Calendario de Contenidos sin antes haber creado el keyword research de tu proyecto.

Y este es uno de los principales errores que cometen muchos bloggers cuando empiezan con su blog.

Ten claro que para hacer un buen Calendario de Contenidos vas a tener que utilizar una o varias herramientas SEO.

En este post tienes las mejores herramientas SEO gratis, pero ten claro, que si de verdad quieres hacerlo de forma profesional, tendrás que invertir.

Por lo que lo primero que te recomiendo es que hagas un brainstorming y un mapa mental con las principales palabras que van a definir tu proyecto.

Para ello, lo que tienes que hacer es haber definido previamente las categorías de tu blog y después tratar de incluir una serie de términos que estén relacionados con esas categorías.

Una vez tenemos el estudio de palabras clave de nuestro blog lo que tendremos que hacer es sacar ideas para escribir artículos.

Para esto te voy a enseñar cuatro formas que yo utilizo para saber qué escribir en mi blog y no quedarme sin ideas.

➡ Técnica 1: Ideas para escribir en un blog con SEMrush

La primera forma consiste en introducir cada una de las palabras que hemos extraído en nuestro mapa mental en la herramienta Keyword Magic Tool de SEMrush.

Yo en este caso he introducido la palabra "Redes Sociales"

Palabra clave		Volumen	KD%	CPC	Com.	F. SERP	SERP
redes sociales	+	38,100	83.02	0.57	0.34	4	
seguridad social sistema red	+	14,800	67.57	1.06	0	1	
tumblr red social	+	8,100	91.93	0.96	0.02	1	
redes sociales gratis	+	5,400	74.33	0.64	0.98	1	
red social	+	4,400	77.65	0.63	0.33	4	
la red social	+	2,900	91.88	0	0.01	3	
seguridad social red	+	1,900	69.15	0.61	0	1	
iconos redes sociales	+	1,900	65.19	0	0	2	
redes sociales para ligar	+	1,600	79.69	1.18	0.86	1	
red social pelicula	+	1,600	86.65	0.17	0	2	
redes sociales en ingles	+	1,600	85.01	0	0	2	
que son las redes sociales	+	1,300	79.89	1.34	0.07	4	
redes sociales mas utilizadas	+	1,300	69.14	0.82	0.04	1	
seo social sistema red	+	1,300		0	0		
redes sociales definicion	+	1,000	76.6	2.12	0.01	2	
ventajas y desventajas de las redes sociales	+	1,000	65.07	1.58	0.01	2	

Y la herramienta me ha dado tres posibles ideas para escribir en un blog:

- Qué son las redes sociales
- Redes sociales más utilizadas
- Ventajas y desventajas de las redes sociales

➡ Técnica 2: sobre qué escribir en un blog con Ahrefs

Esta técnica para escribir en un blog la puedes utilizar tanto con Ahrefs o SEMrush, pero en este caso te la voy a demostrar con Ahrefs.

Por extraño que te pueda parecer es una técnica que consiste en "robar".

Es decir, lo que vamos a hacer es robarle las palabras clave a tu competencia y encontrar aquellos artículos que más tráfico les llevan.

Para ello es fundamental tener claro cuáles son los mejores blogs de tu sector.

Puedes escribir en Google "Los mejores blogs + tu nicho" y seguro que encontrarás algún listado ya hecho.

Una vez los hayas detectado lo que harás es coger su dominio y llevarlos a Ahrefs.

Ahora tendrás que seleccionar Búsqueda Orgánica y hacer clic en Mejores Páginas y tendrás los mejores contenidos de tu competencia.

➡ Técnica 3: cómo escribir en un blog gracias a Ahrefs

Esta técnica me encanta y me gusta mucho para encontrar palabras clave long tail y sacar muchas ideas para escribir en un blog.

Para ello tenemos que ir al apartado de Ahrefs "Content Explorer" y escribir la palabra que queremos analizar.

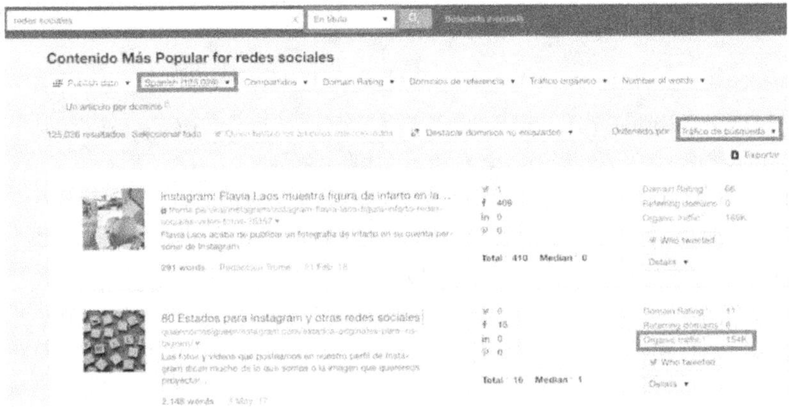

Después tendremos que filtrar los resultados para que únicamente aparezcan en el título, nuestro idioma y lo más importante, ordenador los resultados por tráfico de búsqueda.

Lo que conseguimos de esta forma es encontrar los resultados para esa palabra clave que más tráfico orgánico tienen.

Por lo que si queremos posicionarnos para esa palabra clave ya sabemos qué artículo escribir en nuestro blog.

➡ Técnica 4: Ponte al día de lo que escribe tu competencia

Si quieres hacer un Calendario de Contenidos tienes que saber qué está haciendo tu competencia en todo momento y analizar su estrategia de contenidos.

Para ello, Feedly es la herramienta de curación de contenidos que yo utilizo.

El «problema» de Ahrefs y de SEMrush es que son herramientas de pago, y no son económicas.

Si estás empezando en el mundo del blogging, estoy seguro de que no te puedes permitir utilizar ninguna de las dos, pero no te preocupes, hay alternativas.

Una de ellas es Ubersuggest.

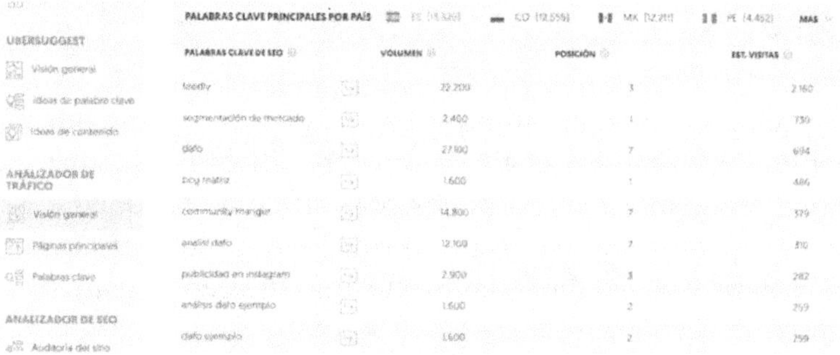

PALABRAS CLAVE DE SEO	VOLUMEN	POSICIÓN	EST. VISITAS
feedly	22.200	3	2.160
segmentación de mercado	2.400	1	730
dafo	27.100	7	694
blog matriz	1.600	1	486
community manager	14.800	7	379
análisis dafo	12.100	7	310
publicidad en instagram	2.900	3	282
análisis dafo ejemplo	1.600	2	259
dafo ejemplo	1.600	2	259

Con Ubersuggest también podemos hacer un estudio de palabras clave y también podemos saber cuáles son las mejores keywords de la competencia.

Aquí puede descargarse el plug in de Chrome

Incluso cuáles son los artículos con mayor tráfico.

4. Validación de las ideas

Una vez hayas generado todas las ideas para escribir en tu blog lo que deberás de hacer es validarlas.

De nada sirve ponerse a escribir post con un nivel de competencia muy elevado y menos si estamos empezando porque va a ser prácticamente imposible posicionarse en Google.

O al menos al principio.

Por lo tanto lo que haremos ahora es asignarle a esa idea un nivel de dificultad entre baja, media y alta.

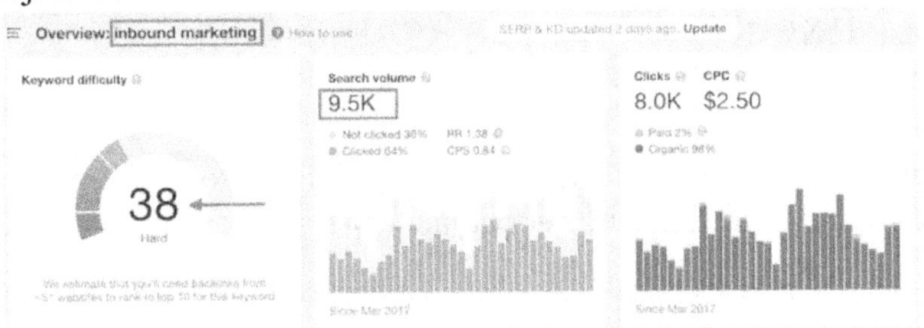

Que sea un nivel de competencia media o alta no significa que no tengas que escribir el artículo.

Lo que significa es que en este momento no tienes por qué incluirlo en el calendario, sino que quizás ahora mismo, no estás en la fase de poder posicionar ese contenido.

Piensa que cuanta más dificultad tenga una palabra clave, más potente tendrá que ser el plan de promoción que lleves a cabo.

Por ejemplo, veo muchos blogs de marketing escribiendo artículos sobre el Inbound Marketing.

¿Pero realmente, van a conseguir posicionarse para ese término?

Fíjate en los datos de Ahrefs.

La keyword Inbound Marketing, a priori podríamos decir que es interesante porque tiene 9.500 búsquedas mensuales en España.

Pero si analizamos el nivel de dificultad de la keyword, tiene 38 según la herramienta.

Es decir, nos dice que por lo menos tendríamos que conseguir 51 enlaces de otras páginas webs, para conseguir estar en el TOP 10 de Google.

(Realmente, habría que mirarlo en mayor detalle, pero así ya te puedes hacer una idea).

¿Realmente tiene sentido escribir en un blog que está empezando algo sobre este término?

Yo creo que no.

Herramientas para crear un Calendario de Contenidos

Existen multitud de herramientas para poder crear un Calendario de Contenidos.

Algunas de ellas son las siguientes.

➡ ☐ Excel

Es una herramienta perfecta por su facilidad de uso para crear un Calendario de Contenidos completo y sencillo.

➡ ☐ Google Drive – Hoja de Cálculo

Esta es la herramienta que yo utilizo para mi Calendario de Contenidos porque me permite poder hacer cambios en cualquier momento con cualquier dispositivo al guardarse en la nube.

➡ ☐ Google Calendar

Google Calendar es un clásico y también puedes utilizar esta herramienta para poder consultar en tu dispositivo móvil el calendario y además crear diferentes alertas.

➡ ☐ Trello

Si tienes un blog de forma colaborativa con diferentes autores te recomiendo que utilices Trello.
Es una aplicación colaborativa que te permite crear diferentes tarjetas clasificadas en columnas y asignar tareas a personas.

➡ ☐ Herramientas SEO

Como habrás visto durante todo el artículo, contar con herramientas SEO es algo imprescindible.
Yo suelo utilizar Ahrefs, SEMrush y Dinorank.
Pero también tienes alternativas gratuitas como Ubersuggest.

CAPÍTULO 4

Definiendo tu Cliente Ideal

¿Qué es un Perfil del Cliente Ideal?

Definición Perfil del Cliente Ideal o Buyer Persona: un Cliente Ideal es una representación ficticia de tu target.
Gracias a esa herramienta podrás conocer mejor a tu público objetivo y diseñar estrategias y acciones dirigidas a ellos.
Básicamente, un Cliente Ideal es como una ficha del estereotipo de perfil de tu cliente ideal al que le asignaremos:

- Un nombre
- Los aspectos sociodemográficos (edad, género, lugar de residencia, nivel académico, nivel de ingresos, cultura, estado civil, etc.).
- Su personalidad.
- Su comportamiento
- Sus objetivos
- Y su comportamiento en las redes sociales.

Este análisis del Cliente Ideal nos ayudará a determinar:
En qué redes sociales.
En qué horario.
Con qué tono hablarle.
Con qué copy dirigirnos.

Lo ideal es que tengas una plantilla para Cliente Ideal por perfil que identifiques porque lo normal es que tengan diferentes motivaciones y deseos.

Además, recuerda que tu público objetivo está formado por clientes actuales y/o potenciales y clientes de la competencia.

¿Cuál es el público objetivo de una empresa o Perfil del Cliente Ideal?

Para entender qué es el público objetivo primero tienes que entender qué es la segmentación del mercado.

La segmentación del mercado básicamente consiste en dividir el mercado al que se dirige una empresa en pequeños grupos o segmentos.

Después de hacer esta división lo que se hace es seleccionar a qué segmentos nos vamos a dirigir.

Y estos segmentos son nuestro público objetivo o el target en marketing.

Es decir, un grupo de personas que tienen unas necesidades que podemos cubrir con nuestros productos y/o servicios.

Por lo que si quieres saber cómo definir tu público objetivo, lo primero que tendrás que hacer es determinar a qué segmentos quieres ir.

¿Qué tipos de público existen?

A la hora de crear nuestra estrategia de marketing debemos también tener claro a qué generación nos dirigimos.

Dependiendo de cuál sea la generación de nuestro público objetivo tendremos que adaptar nuestro mensaje a ellos.

Normalmente solemos hablar de estos tipos de público objetivo

- Los Baby Boomers (1946 – 1964)
- La Generación X (1965 – 1978)
- Generación Y o Millennials (1979 -1996)
- Generación Z (A partir de 1995)

Por qué es tan importante definir a mi público objetivo

Antes de ver cómo hacer un Cliente Ideal quiero que tengas claro por qué es tan importante definir el público objetivo de una empresa.

Conocer a tu cliente ideal es imprescindible para poder satisfacer correctamente sus necesidades y diseñar una serie de contenidos enfocados a ellos.

Cuando hablamos de audiencia, estamos hablando de un concepto específico y concreto.

Por ejemplo, imagina que vendes productos de alimentación ecológicos.

No te bastará con decir que tu target está formado por compradores actuales y potenciales que están interesados en productos ecológicos.

Tienes que ir más allá y concretar, un ejemplo de target de una empresa sería:

Mi público objetivo está formado por hombres y mujeres de 25 a 35 años que residen en zonas urbanas, que están preocupados por su salud, practican deporte de forma habitual y los sábados suelen ir a restaurantes ecológicos.

Este puede ser uno de los targets.

Pero luego tendrás que definir diferentes Cliente Ideales para optimizar tus acciones en redes sociales.

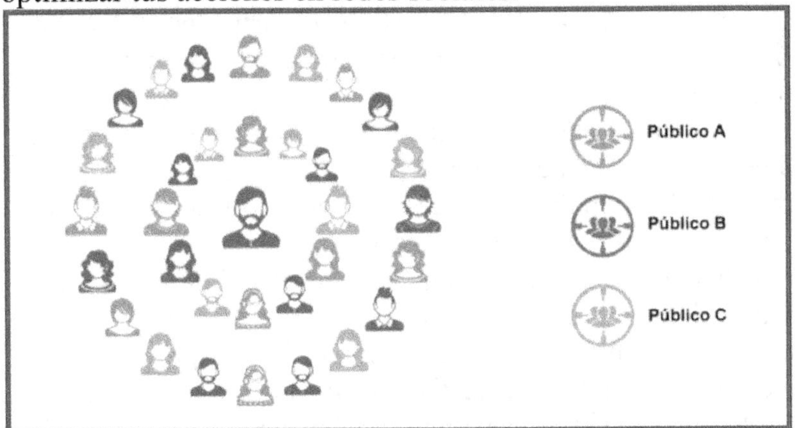

No obstante, en el entorno offline con información demográfica podría ser suficiente.

Pero lo bueno (y lo malo) del mundo digital es que puedes medirlo todo.

Por lo tanto, no puedes limitarte únicamente a estas variables y debes de profundizar más allá.

Se ha pasado de estudiar hombres y mujeres de 25 a 35 años, que viven en zonas urbanas, a generar retratos ficticios del público objetivo, que reflejan la personalidad, los intereses y el comportamiento de las personas.

Para entenderlo mejor imagínate una tarta.

La audiencia no es solo el público que tengan como núcleo central.

Tu target serán todos los trozos de la tarta a los que quieras llegar.

Este simple gráfico te permitirá ver que no tienes que llegar al 100% del público.

Lo que se traduciría en un exceso de coste porque es imposible o muy difícil tener la capacidad de crear anuncios para llegar a todos.

Lo importante es que crees estrategias para estos targets y que, en vez de intentar llegar al 100% te dirijas por ejemplo al 60% pero con un presupuesto mucho menor y más optimizado.

Por ejemplo, un restaurante puede tener diferentes perfiles de público objetivo cada día de la semana.

El público de la mañana puede ser distinto al de la tarde y éste puede diferir del target de la noche.

Por no hablar ya de la diferencia entre el público de entre semana y del fin de semana.

Este es un ejemplo muy claro de por qué es imprescindible conocer en profundidad a tu Cliente Ideal y poderle ofrecer un contenido específico con distinto mensaje y tono.

Ahora bien, ¿cómo segmentar un mercado?

A través de la híper-segmentación basada en crear un Cliente Ideal.

Cómo crear un Perfil del Cliente Ideal o definir a tu público objetivo en marketing

¿Cuántos años tienes? ¿Estudias o trabajas? ¿Qué estudias? ¿Dónde trabajas? ¿Dónde vives?

Esta era la serie de preguntas que antes nos hacíamos para definir el target.

Ahora mismo, esos datos ya no son suficientes para poder hacer una estrategia de marketing digital.

Es aquí es donde entra en juego el Cliente Ideal.

El Cliente Ideal es el punto de partida sobre el cual se va a basar la estrategia de contenidos de tu proyecto y siempre en función de la etapa del ciclo de compra en la que se encuentre.

¿De qué sirve crear contenidos si no están dirigidos a tu público objetivo?

Para que las estrategias de inbound marketing tengan éxito deben estar enfocadas al público correcto.

Crear contenidos de valor es la base del inbound marketing.

Pero estos contenidos deben ser creados bajo una estrategia previamente definida para atraer a tus potenciales clientes hacia ti y posteriormente convertirlos en clientes.

Cómo definir mi Perfil del Cliente Ideal

Lo primero de todo es que te hagas una serie de preguntas que te hagan reflexionar sobre quién es tu cliente ideal.

Algunas de ellas podrían ser:

- ¿Tienes bien definido el público objetivo al que dirigirte?
- ¿Por qué les puede interesar tus productos o servicios?
- ¿Qué tipo de producto o servicio es el más adecuado para los diferentes tipos de target?
- ¿Qué les puedes ofrecer que no lo hagan tus competidores?
- ¿Qué dudas podrían tener sobre tus productos o servicios?

- ¿Qué otros productos relacionados directa o indirectamente con los tuyos consumen?
- ¿Cuáles son sus retos, deseos y motivaciones?
- ¿Cuál es la mejor manera de llegar al segmento A, B o C?
- ¿En qué redes sociales tiene presencia?
- ¿En cuáles pasan más tiempo?
- ¿A qué horas se conectan más?
- ¿Cuáles son los canales más adecuados para llegar hasta ellos?
- ¿Qué contenido les resulta más interesante?
- ¿Cómo es su personalidad?
- ¿Y su comportamiento de compra?

Lo ideal es que vayas respondiendo a estas preguntas por cada Cliente Ideal que hayas definido porque es lo que te permitirá más adelante optimizar tu calendario editorial.

Al final, crear un Cliente Ideal lo puedes resumir en 4 preguntas claves:

- Qué hace el cliente potencial,
- Qué necesita,
- Qué le preocupa,
- Cómo puedes satisfacer su necesidad.

Una vez hayas reflexionado sobre las preguntas anteriores es hora que determines los criterios de segmentación del público objetivo.

Estas variables de segmentación las puedes dividir principalmente en cuatro:

- Factores Sociodemográficos
- Factores Personales
- Factores de comportamiento online
- Factores de comportamiento de compra

Socio - demográficos

- Edad
- Género
- Residencia
- Nivel Académico
- Situación Profesional
- Cultura
- Ingresos Anuales

Historia

Cuando tengas todos los datos recopilados debes crearte una pequeña historia que te ayude a visualizar y a entender a tu público objetivo.

Objetivos y Retos

- Qué objetivo o necesidad pretende satisfacer con tus productos y/o servicios.
- A qué retos quiere dar respuesta con su compra.
- Lo necesita para incrementar las ventas, formarse, etc.

Personales

- Qué hace en su tiempo libre
- Cuáles son sus hobbies
- Qué lugares frecuenta
- Qué marcas consume
- Extrovertido o tímido
- Estilo de vida
- Tono y estilo de comunicación

Comportamiento online

- En qué RRSS tiene presencia
- Cuál es su favorita
- Qué marcas sigue
- Qué personas influyentes sigue
- Qué tipo de contenido prefiere
- Cómo ha llegado a tu web

Comportamiento de compra

- En qué prefiere gastarse el dinero
- Cuáles son sus patrones de compra
- Quién toma las decisiones de compra
- Cómo realiza la compra
- Qué productos consume

No siempre el Comprador Ideal es la persona a la que te vas a tener que dirigir para venderle tu producto o servicio. Por ejemplo, piensa en que tu Cliente Ideal son hombres y mujeres de 70 años de edad. ¿Cómo te vas a dirigir a ellos si pocos hacen uso de internet? Tienes que pensar, ¿quién toma la decisión de consumo? El hijo

Cómo localizar los Puntos de dolor de tu Perfil del Cliente Ideal

A la hora de crear una estrategia de contenidos, una de las cosas más importantes es localizar los puntos de dolor de tu Perfil del Cliente Ideal.
Ahora bien, ¿qué son los Puntos de dolor?
Los puntos de dolor son aquellos problemas, retos, preocupaciones, curiosidades, intereses e incluso motivaciones que tu cliente ideal quiere satisfacer.
Es decir, si conoces el punto de dolor de tu cliente conocerás su driver.
O lo que es lo mismo, conocerás la motivación que le impulsa a hacer una determinada búsqueda para después realizar la compra.
Determinar los puntos de dolor de tu Cliente Ideal será determinante para:
Empatizar con tu público objetivo y conocer sus problemas.
Redactar el texto de tu página web y landing de captación y venta
Utilizar copys atractivos.
Establecer la estrategia de contenidos de tu blog.
Ofrecer soluciones a sus puntos de dolor y evitar objeciones.

Hay diferentes formas de localizar los puntos de dolor de tu Perfil del Cliente Ideal.

Por ejemplo:

Si tu empresa cuenta con un departamento de ventas es imprescindible que los formes para comprender las motivaciones y deseos de tus clientes.

Hacer encuestas online a tus clientes actuales y potenciales.

Entrevistar directamente a tus clientes y preguntarles por sus problemas y motivaciones.

Para que quede más claro mira este ejemplo:

Imagina una empresa que se dedique a diseñar estrategias de inbound marketing.

Esta empresa se dirigirá a personas o empresas cuyo pain (punto de dolor) sea que no saben cómo captar leads de una forma eficiente y tratarlos posteriormente hasta convertirlos en clientes.

Después de definir el pain de las Cliente Ideal la empresa deberá saber qué tipo de búsquedas realiza su público objetivo para buscar información sobre sus problemas o motivaciones (lo que sería el equivalente a la fase de awareness).

Una forma de saber las palabras por las que te encuentran en Google es ir a Search Console y seleccionar:

«Tráfico de Búsqueda» ➜ «Análisis de Búsqueda» y además de ver cuáles son las palabras por las que te encuentran en Google podemos ver los clics que han hecho, las impresiones, el CTR y la posición media de esa palabra.

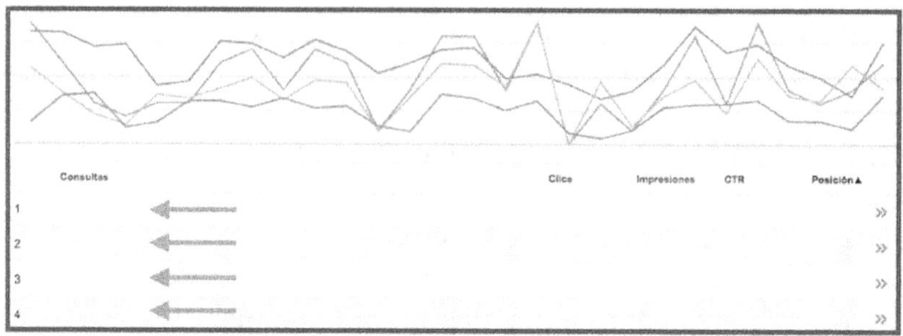

Por ejemplo, en la fase de reconocimiento de la necesidad, la persona interesada puede hacer preguntas en Google como «qué es el inbound marketing» «cómo hacer inbound marketing»

Cuando localizas keywords relacionadas directamente con el pain de tu Cliente Ideal es cuando vas a conseguir mayores tasas de conversión

Una vez identificadas las palabras por las que se encuentran será importante que optimicen tu página o artículo con CTA y formularios de registros que llamen la atención del visitante y te deje sus datos para posteriormente ir nutriéndose de información.

Define tu elevator pitch

Bien, ya sabes quién es tu cliente ideal, cuáles son aquellas palabras clave por las que se siente más identificado y cuáles son esos puntos de dolor que hacen que quieran cambiar su situación.

Es aquí donde le debes demostrar que tu producto o servicio le puede hacer cambiar de la situación A (donde se encuentra) a la situación B (donde quiere estar).

¿cómo hacerlo?

Gracias al elevator pitch.

Es decir, debes de crear un discurso (o página de ventas) mediante el cual le hagas ver a tu Comprador Ideal que tu eres la mejor solución para resolver su problema.

Ejemplo de cómo crear un Perfil del Cliente Ideal o target de una empresa con Facebook Insight

Todo en la vida se ve mucho más claro con un ejemplo, ¿no? Así que vamos a ver cómo conocer a tu público objetivo gracias a Facebook.

Una de las cosas que más me gusta al hacer publicidad en Facebook es que nos permite conocer nuestro target de forma muy detallada.

Y esto lo podemos hacer gracias a Audience Insight (una función que no se le suele sacar todo el rendimiento que es posible).

Todos en Facebook.

Personas conectadas a tu página.

Un público personalizado.

Nosotros vamos a elegir la de Todos en Facebook y vamos a pensar que somos una Escuela de Marketing y que queremos vender un Curso de Community Manager.

Lo primero que tendremos que hacer es conocer cómo son las personas que pueden estar interesadas en este curso.

Lo que vamos a hacer es añadir en intereses el término **Community Management** .

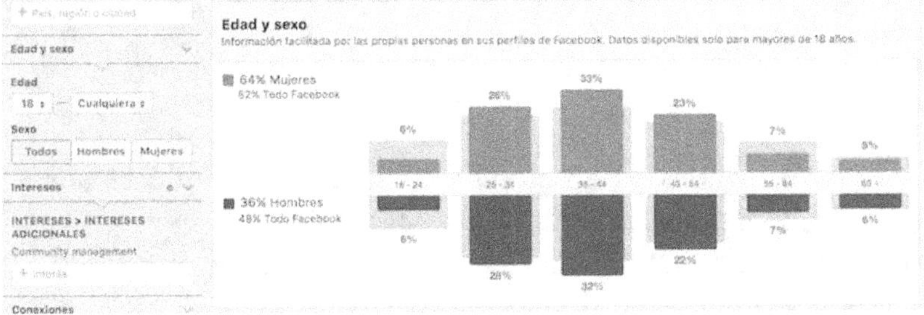

Variables demográficas

Solo con eso ya podemos conocer en más detalles las variables demográficas de las personas.

Sabemos que:

El 64% son mujeres y el 36% son hombres.

De 25 a 54 años es la franja de edad más interesada. Sobre todo de 34 a 44.

El 43% están casados, el 31% solteros y el 23% tienen un relación.

El 70% tiene formación universitaria.

Variables geográficas

Si analizamos las variables geográficas podemos encontrar también las ciudades en las que existe más interés.

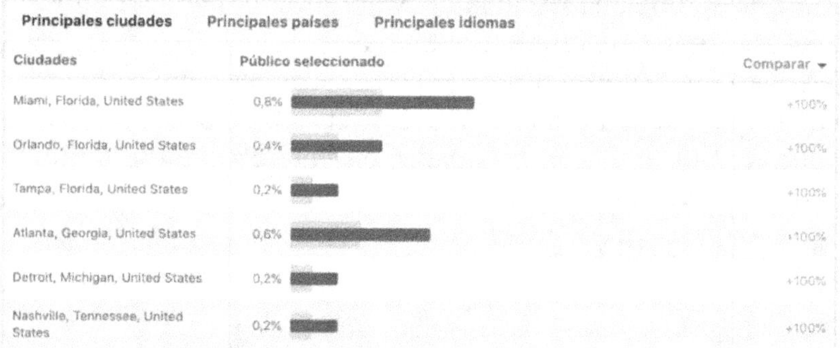

En este caso, Madrid, Barcelona y Valencia es donde existe un mayor interés por la Community Manager.

Pero además también podemos saber dónde está creciendo más el interés.

Para ello únicamente tienes que seleccionar el cuadrado azul.

Variables de comportamiento

También podemos analizar su comportamiento y conocer sus intereses.
Por ejemplo, podemos saber cómo se comportan en Facebook si seleccionas actividad.

Principales categorías

1	Emprendedor	Gary Vaynerchuk • Robert Kiyosaki
2	Bloguero	The Points Guy
3	Empresa de internet	Facebook para Empresas
4	Empresa	Small Business Saturday
5	Tienda de comestibles y especialidades	Whole Foods Market

Pero también puedes conocer qué otros intereses tienen y saber qué otras páginas de Facebook y categorías les gustan.
De esta forma tan práctica podríamos empezar a hacernos el retrato ficticio de nuestro público ideal.

4 Variables a la hora de construir una estrategia de contenidos enfocada en tu Perfil del Cliente Ideal

Las cuatro variables que determinarán si tu estrategia de contenidos está correctamente orientada a tu Perfil del Cliente Ideal y a su fase en el proceso de compra son:
1) Producto y/o servicio
2) Cliente Ideal
2) Keyword Research
3) Pain Points

Para desarrollar una estrategia de contenidos enfocada a tu Cliente Ideal necesitarás un producto y/o servicio que solucione las necesidades, motivaciones y preocupaciones de tu cliente ideal y deberás hacer un análisis de palabras clave orientadas a las diferentes fases del proceso de compra del cliente.

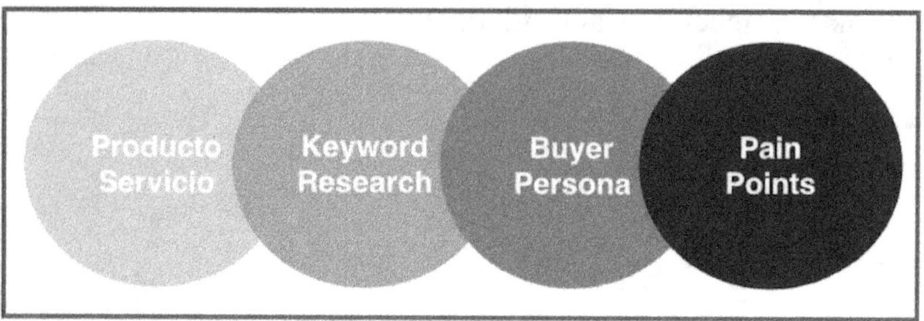

Si eres capaz de combinar estas cuatro variables serás capaz de crear diferentes tipos de contenido dependiendo de la fase de compra donde se encuentre tu público objetivo.

Para que quede más claro, mira este ejemplo:

Imagina una Escuela de Negocios que se dedica a la formación y uno de sus productos es un Máster en Marketing Digital.

Lo primero que deberá plantearse la empresa antes de intentar captar alumnos y hacer publicidad será definir el Cliente Ideal que puede estar interesado en un Master.

Para hacerlo más rápido imagina que la Escuela de Negocios identifica tres tipos de Comprador Ideal que pueden estar interesados en hacer un Master de Marketing Digital:

1) Desempleados.

2) Universitarios.

3) Trabajadores Intermedios.

El siguiente paso será definir el pain principal (lo que motivaría a las personas a hacer el master).

Y a partir de ese punto de dolor haría un análisis de palabras claves orientado a una estrategia de contenidos que se basará en dar respuesta a las dudas de tu público objetivo..

Si la empresa tuviera más de un producto (como es normal), el eje vertical hará referencia a la importancia que tiene el producto respecto del total.

Es decir, el que más facturación proporcione a la empresa será el que tendrás que tendrás que representar en la parte superior del eje vertical.

En este caso, el 50% de su público objetivo estaría formado por mandos intermedios y el resto serían universitarios y desempleados.

Esta es una forma muy sencilla de visualizar los perfiles a los que te interesa dirigir y centrar tus esfuerzos en aquellos que te van a proporcionar mayor retorno de la inversión.

Si tienes recursos limitados y tuvieras que elegir el tipo de contenido para tu Cliente Ideal, es recomendable escoger el que más volumen tenga.

Pero si las partes del pain estuvieran repartidas a partes iguales:

¿Qué temática escogerías?

Deberías buscar aquel factor que en mayor o en menor medida pueda interesar a los diferentes tipos de Cliente Ideal.

La otra variable que tendrás que tener en cuenta a la hora de determinar la estrategia de contenidos será el volumen de búsquedas y el nivel de competencia de las keywords.

Porque quizás haces el trabajo de definir los puntos de dolor y ves claramente la temática pero después al hacer el keyword research te puedes dar cuenta de que no hay suficiente volumen de búsquedas o existe demasiada competencia.

Cuando tengas todos los tipos de Cliente Ideal y pains (el motivo por el que acaban comprándote) tienes que pensar:

¿Tendría sentido hacer un blog que hablara de X (pain 1) y en el que también hablará de Z (pain 2)?

Cuantas más cosas puedas englobar mejor.

Pero recuerda que el blog tiene que tener su propia identidad y no puedes meter en un mismo saco todas las temáticas si no tienen una relación entre sí.

En este caso podrías por ejemplo englobar los pains encontrar empleo y mejorar empleabilidad y hablar de las ventajas y las salidas laborales que puede proporcionarte el tener un Master.

22 Herramientas para crear un Perfil del Cliente Ideal

Muy bien, ya hemos visto todos los conceptos que deberías de conocer en profundidad.

Pero seguro que ahora te estás preguntando cómo averiguar mi Cliente Ideal.

Vamos a ver diferentes herramientas que seguro que te ayudan a ello.

1. Google Analytics

Google Analytics es una herramienta con un potencial tremendo si sabes exprimirla.

Para extraer información sobre tus visitantes deberás seleccionar Audiencia y obtendrás una serie de datos procedentes de las visitas que recibes para ver si tiene relación con el Comprador Ideal que has construido o no.

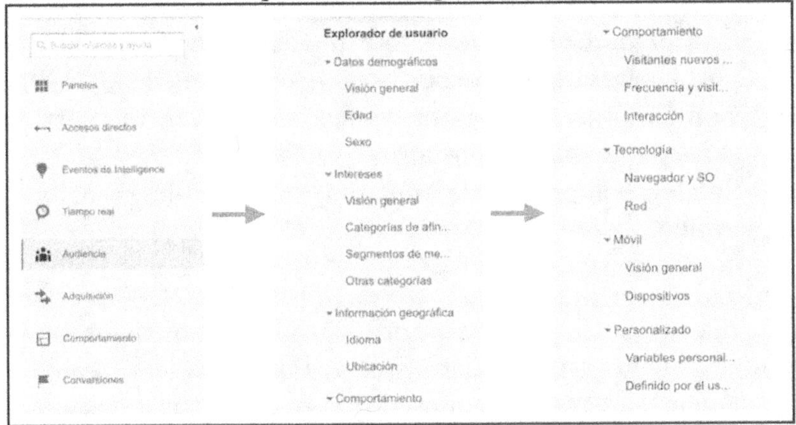

- Sexo. (conocer el % del género te puede ayudar a la hora de encontrar el tono más adecuado para tus mensajes)
- Segmentos de edad.
- Intereses.
- Idioma.
- Ubicación.

Si tienes un ecommerce y vendes por ejemplo camisetas online y ves que tienes más visitas de Valencia es un factor que te puede orientar a la hora de enfocar tus campañas de ads.

Mientras que si seleccionas el apartado de Adquisición te mostrará cómo las personas han llegado a tu sitio web y conocer:

Palabras Clave	Temáticas	Páginas más vistas	Tasa de rebote

- Con el porcentaje de rebote puedes comprobar qué post les ha gustado menos.
- Con el número de páginas vistas puedes ver qué post son los que más les gustan.
- Puedes comprobar de qué red social te llega más tráfico.

Una buena forma después de sacarle partido a estos datos es hacerte una tabla con las palabras claves que más te buscan, que temáticas son tus preferidas y qué páginas son las más visitadas. Es una buena forma de conocer los intereses de tu Cliente Ideal.

2. Alexa

Alexa es una herramienta muy interesante para analizar la información demográfica de tu propia audiencia y los de la competencia.

Alexa te proporciona una proyección (sirve para tener una idea global, no es un dato exacto) sobre el tráfico de una web.

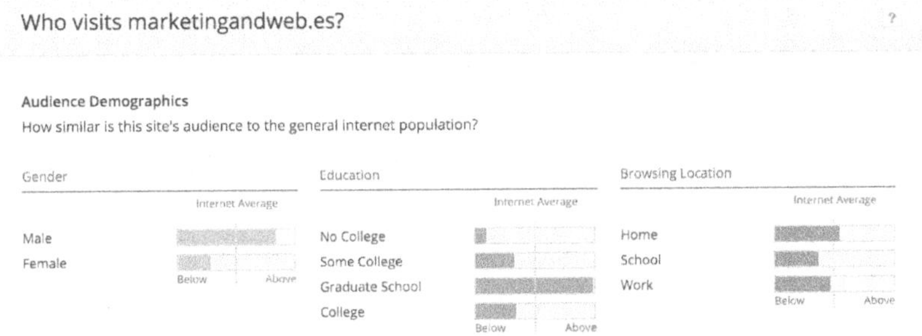

Para ver un ejemplo he tomado como referencia a Marketing and Web de Miguel Florido que tendrá bastante más tráfico que mi blog y por lo tanto podremos ver más variedad de datos como:

- De qué país proceden las visitas a la web.
- Género masculino o femenino.
- Educación (No han ido a la universidad, educación superior, posgrado y universidad).
- La ubicación de la navegación (hogar, colegio, trabajo).

3. Google Adwords: Keyword Planner y Display Planner

Google te proporciona dos maravillas herramientas para que conozcas más datos de tu Cliente Ideal.

Con el Planificador de Palabras clave podrás localizar qué palabras son las más buscadas por tu público objetivo y la tendencia de búsqueda.

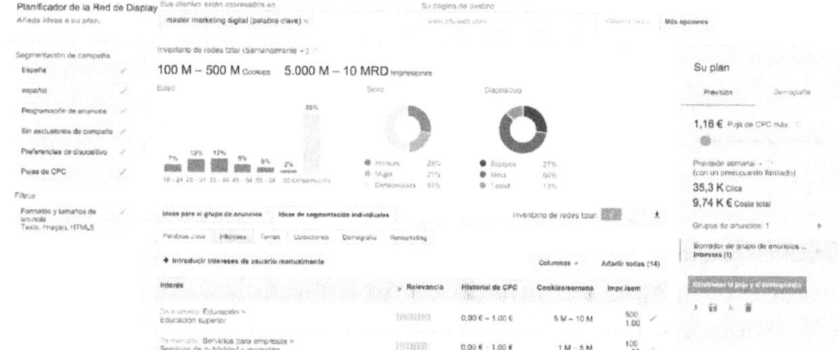

Mientras que con el Planificador de la Red de Display con tan solo poner la palabra clave que tu quieras podrás tener acceso al perfil de usuario que está interesado en ese tema. Por ejemplo, yo he buscado master marketing digital, podrás conocer:

- Palabras claves relacionadas.
- Búsqueda mensual de la palabra clave.
- El sexo de las personas interesadas.
- Las edades comprendidas.
- Intereses relacionados.
- El dispositivo utilizado para buscar la información.

Son unos datos bestiales para poder optimizar las campañas y dirigirte a tus clientes potenciales, ¿no crees?.

4. Google Trends

Google Trends sirve mucho más que para conocer tendencias (uso habitual). Y es que muchas veces no se le saca todo el potencial que tiene.

Por ejemplo, si eres una empresa o una universidad que se dedica a la formación y que ofrece cursos de Community Manager puedes buscar esta palabra en Google Trends y ver en qué puntos de España es más buscada esta palabra y qué otras búsquedas están relacionadas.

También es muy útil para segmentar a tu Cliente Ideal por geografía y conocer qué otras búsquedas relacionadas puede hacer.

5. Mapa de Empatía

El mapa de empatía es una herramienta gráfica muy útil para hacer una correcta segmentación de tu cliente ideal.
El mapa de empatía te permite ponerte en el lugar de tu cliente ideal.

6. Buzzsumo

Buzzsumo es una herramienta que se suele utilizar como estrategia de curación de contenidos para sacar ideas de los post más compartidos de tu competencia y de un tema en concreto para luego escribir sobre ello pero aportando más valor.

Pero, también puedes utilizarla para ver qué contenido es el más compartido de tu blog por tus seguidores y de esa forma saber qué puede funcionar mejor.

7. Facebook Insights y Facebook Audience Insights

Facebook Insights es otra magnífica herramienta para conocer de primera mano a tu público en Facebook.

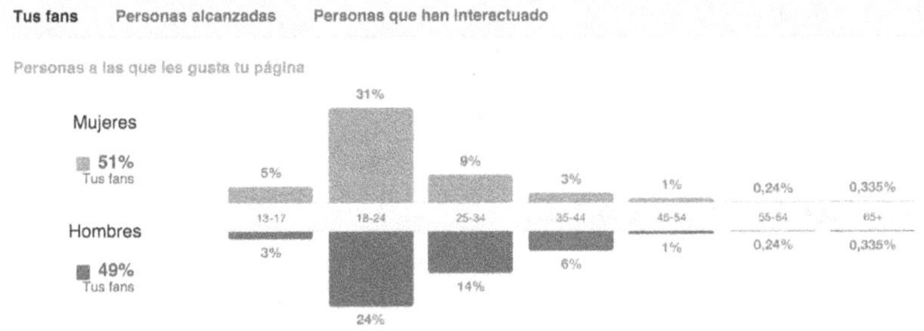

Nos proporciona datos como:

- Demográficos: edad, género, país, ciudad, idioma.
- Acciones en la página: puedes ver si cuántos clics hacen (dependiendo de la información que proporciones) en "Cómo llegar", número de teléfono, en la página web o en CTA de la página.
- Las horas de mayor conexión de tus seguidores para optimizar la publicación de contenidos.

Facebook Insights sirve para analizar a la audiencia de tu Fan Page, pero si quieres dar un paso más puedes utilizar

Facebook Audience Insights con la que podrás conocer mejor a tu público potencial.

La diferencia entre Page Insights y Audience Insights es que con esta última podrás conocer toda la audiencia de Facebook, y no solo la de tu Fan Page.

Esta herramienta es tremenda porque podrás hacer una verdadera hipersegmentación de tu Cliente Ideal y conocer:

- Intereses.
- Comportamientos.
- Situación sentimental.
- Formación.
- Trabajo.
- Acontecimientos importantes.

8. Twitter Analytics

Si entras a Twitter Analytics y seleccionas audiencias podrás conocer mucha más información sobre tus seguidores de cara a optimizar futuras campañas.

Podrás conocer los siguientes datos para crearte el perfil de tu Cliente Ideal:

- Datos demográficos: género, idiomas, país, región.
- Estilo de vida: los principales intereses de las personas de tu audiencia.
- Tipo de dispositivo.
- Tus tweets que más repercusión han tenido con lo que podrás hacerte una idea de qué tipo de contenido le gusta más a tu audiencia.

9. Followerwonk

Followerwonk también suele ser utilizada para analizar los perfiles de Twitter de la competencia.
Pero también es muy interesante para analizar a tu propia audiencia y obtener los siguientes datos:

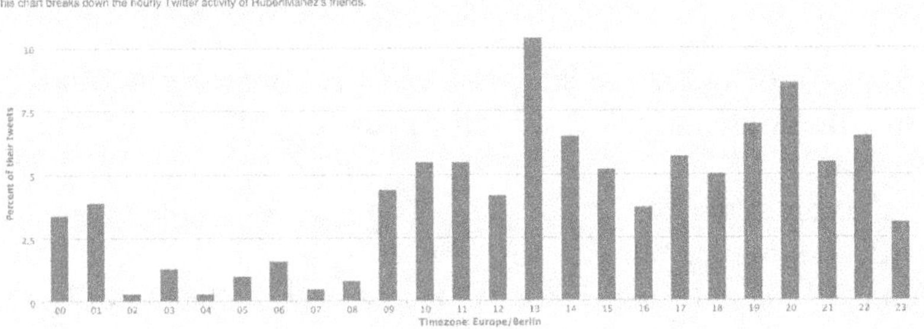

- La ubicación de los usuarios.
- Horas de mayor actividad de tus seguidores.
- Las palabras más utilizadas en la biografía por tus usuarios.
- La autoridad social de tus seguidores.
- La antigüedad de sus cuentas en Twitter.

10. TweetDeck

Con TweetDeck puedes monitorizar palabras claves relacionadas con los productos o servicios que ofreces y ver qué habla la gente sobre ellos para detectar sus necesidades y ofrecerles una solución.

También deberías monitorizar tu marca para saber en todo momento qué dice de ti tu audiencia y poder darles respuesta en todo momento.

Con estos dos usos podrás conocer de primera mano los intereses y las necesidades a cubrir de tu Cliente Ideal y saber qué puedes ofrecerles.

11. Contenidos Descargables

Los contenidos descargables como ebooks, guías o plantillas son una maravillosa fuente de información para conocer a tu audiencia.

Por ejemplo, puedes tener un blog en el que tengas identificados varios targets.

Imagínate que tu público está formado por Community Managers y Redes Sociales Managers para los cuales tienes un perfil de Cliente Ideal diferente creado.

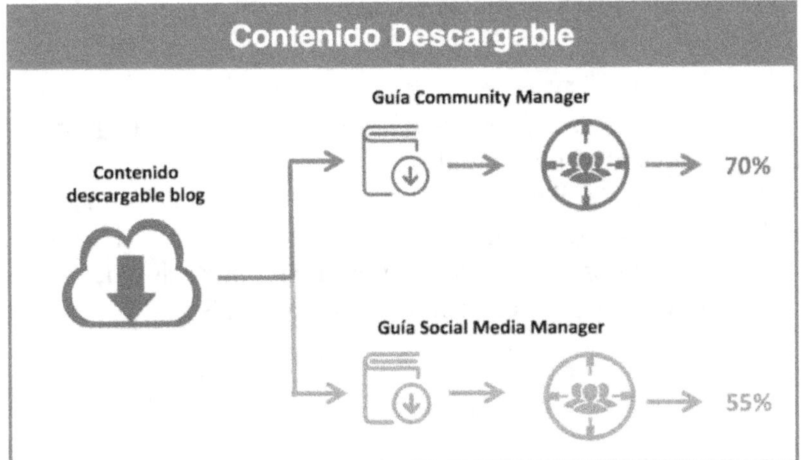

Por ejemplo, puedes crear varios ebooks, uno de ellos dirigido a community managers y otro a Redes Sociales managers y ver cuántas personas lo han descargado.

12. Grupos, Comunidades y Foros

Los grupos, las comunidades y los foros son un lugar donde puedes sacar una gran cantidad de información sobre qué necesita tu público objetivo.

Te recomiendo que busques grupos en Facebook y en LinkedIn, que estén relacionados con tus productos o servicios y analices qué cosas preguntan.

Se suele utilizar encuestas en grupos de Facebook para crear encuestas para conocer mejor las necesidades y los objetivos de las personas que formamos parte del grupo.

¿Qué mejor manera de conocer las necesidades y los deseos de tu Cliente Ideal que preguntarle a él mismo, verdad?

13. Entrevistas y Cuestionarios

Las entrevistas y los cuestionarios son herramientas para conocer a tu cliente muy potente.

Dos buenas herramientas para hacer cuestionarios son Google Forms y Surveymonkey y si después te interesa explotar los datos de una forma más profesional, te recomiendo que los analices con el programa SPSS.

5. ¿Te gustan mis contenidos?

Me encantan	Sí, me gustan	No están mal	Son mejorables	Vete a tu casa niña que me aburres :-(
○	○	○	○	○

6. ¿Qué temas te interesan más de los que escribo?

	Me interesa mucho	No están mal	Podría vivir sin ello
Redes sociales	○	○	○
Marketing online	○	○	○
Blogging	○	○	○
Growth Hacking	○	○	○
Analítica Web	○	○	○
Calladita estás mejor	○	○	○

7. ¿Hay algún tema sobre el que te gustaría que escribiera? (puedes dejarla vacía si no se te ocurre nada)

8. ¿Qué es lo que más te gusta de mi blog? y... ¿lo que menos? me gustaría saber las dos cosas porfi

9. ¿Me das un consejo para mejorar?

14. Buscar directamente en Google

Otra manera de identificar las necesidades de tu público objetivo es que busques directamente en Google palabras relacionadas con tu marca.

Por ejemplo, puedes buscar la palabra buyer persona con interrogante o en forma de pregunta «qué es Cliente Ideal» y te saldrán búsquedas relacionadas con el término.

Además, si bajas a la parte inferior del buscador te saldrán más búsquedas relacionadas con esas palabras.

15. Comentarios en blogs

No solo debes analizar los comentarios que te dejan en tu blog en forma de dudas.

Te recomiendo que también compruebes los comentarios que dejan en blogs de tu competencia para identificar cuáles son sus dudas y poder responderlas o sacar ideas para un futuro post en el que respondas este tipo de ideas.

16. Formularios en tu blog

Otra manera de conocer más detalles de tu Cliente Ideal es a través de formularios a cambio de que se puedan descargar un contenido de valor para ellos.

Debes tener cuidado con el número de casillas que pongas en el formulario porque, cuantas más casillas tengan que rellenar, más probabilidad hay de que no lo hagan.

17. Email Marketing

Las campañas de email marketing también pueden ser utilizadas para conocer mejor a tu target.
La personalización del email marketing te va a permitir conocer a los usuarios de una forma directa y exclusiva.
Existen diferentes tipos de emails.
Lo ideal es que analices las aperturas de tus correos en función de las diferentes temáticas que envíes para comprobar qué tipo de emails les gusta más recibir.
Por otra parte, tienes que tener claro que no puedes enviar lo mismo a tus suscriptores.
Debes de conocer en qué punto del proceso de compra se encuentran para ofrecerles lo que necesitan en el momento adecuado.
Para ello, lo mejor es utilizar una herramienta de automatización que te permite etiquetar al usuario dependiendo de lo que hace y en qué fase se encuentre.

18. Estudios, Informes y Estadísticas

Los estudios sobre el comportamiento de las personas ya sea en internet o en alguna otra temática son una herramienta de gran valor que no se tiene muy en cuenta a la hora de identificar al Cliente Ideal.

Por ejemplo, puedes consultar los estudios del INE, IAB, Cetelem y obtener datos tan importantes como:

- Horarios a los que se conectan.
- Qué redes sociales prefieren dependiendo de la edad.
- Qué dispositivos utilizan.
- Por qué siguen a las marcas.

19. MakeMyPersona

MakeMyPersona es una herramienta de HubSpot gratuita que te va haciendo una serie de preguntas que debes responder sobre tu Cliente Ideal.
Cuando hayas completado todas las preguntas te dirá que le pongas un email y te enviará la plantilla con tu Cliente Ideal definido.

20. "Jobs To Be Done"

Más que una herramienta consiste en utilizar otro tipo de metodología para identificar a tu Cliente Ideal.
Esta metodología se basa en identificar los motivos por los que el cliente utiliza tu producto.
Da igual que edad tenga, cuál sea su sexo o a qué se dedique. Lo que realmente importa es el uso que le da al producto y/o servicio.
Es decir, tienes que tratar de averiguar la motivación que le lleva a esa persona a utilizar tu producto.

De esta forma podrás:

- Conocer la motivación principal y por lo tanto averiguar de una forma más sencilla su punto de dolor.
- Utilizar las motivaciones de las personas en los copys de los anuncios para que se sientan identificados con tu producto y/o servicio y que sepan que les va a satisfacer sus necesidades.
- Conocerás usos diferentes que le pueden estar dando a tu producto y tu no lo sepas (como el caso que te he comentado más arriba del producto quita manchas) con lo que estarás descubriendo nuevos segmentos de mercado.

Consejos y errores al definir tu Perfil del Cliente Ideal que debes evitar

Finalmente, te voy a dar una serie de consejos para que no cometas una serie de errores al crear un Cliente Ideal que suelen ser bastante habitual.

No siempre el Cliente Ideal es la persona a la que te vas a tener que dirigir para venderle tu producto o servicio.

Por ejemplo, piensa que tu cliente son hombres y mujeres de 70 años de edad.

¿cómo te vas a dirigir a ellos si pocos hacen uso de internet?

Tienes que pensar, ¿quién toma la decisión de consumo?

En este caso, seguramente sea el hijo a quién tendrías que dirigirte.

No te limites a definir a tu Cliente Ideal en función de estudios y herramientas.

Observar en persona.

La investigación es la mejor forma de conocer a tu público objetivo y entender su comportamiento.

Ponte en la piel de tu cliente ideal y piensa qué es lo que necesita para cubrir sus necesidades.

Es muy importante que tengas en cuenta que tu comprador no es una persona estática.

Sus objetivos y necesidades irán evolucionando a lo largo del tiempo y tu producto debe evolucionar con ellos.

Por ejemplo, si una persona te compra un curso de Community Manager, una vez se haya formado, sus objetivos ya no serán los mismos y puede que esté buscando formación más avanzada o especializada.

Únete a los foros y grupos donde tu público ideal participe y presta atención a los temas que hablan, a sus preguntas y a sus problemas para identificar cuáles son sus necesidades y cubrirlas mejor.

Analiza por qué consumen tus productos, qué les motiva y qué medios utilizan para llegar a ti.

Monitoriza palabras clave relacionadas con los productos o servicios que ofreces para descubrir sus patrones de demanda.

Ten en cuenta los diferentes tipos de audiencias y establece un orden de preferencia en función de tus objetivos.

Representa gráficamente a tu cliente ideal para ver de manera visual a quién te tienes que dirigir y hacia donde debes dedicar más esfuerzos.

No solo identifiques al target al que te quieres dirigir, define también el público al que no te quieres dirigir para no centrar tus esfuerzos en ellos.

Ten en cuenta que existen cuatro generaciones (Generación X, Y, Millenians y Z) diferentes con distintas conductas de compra y que deberás conocer para saber cómo dirigirte a cada una de ellas.

Recomendación extra: Ten en cuenta los Perfiles de Clientes Ideales negativos

Un Cliente Ideal negativo es la representación de aquellas personas a las que no te interesa llegar y por lo tanto, no quieres venderles tus productos y/o servicios.
Normalmente, las empresas se suelen centrar únicamente en los Cliente Ideal a las que quieren llegar pero no es habitual que se centren en los que no quieren llegar.
 Y esto, es igual de importante para poder centrar tus recursos y esfuerzos en aquellas personas que realmente van a tener un interés activo en tus productos y/o servicios.

CAPÍTULO 5

Alianzas entre Empresas

Quien trabaja en el mercado digital sabe que hacer alianzas estratégicas entre empresas puede ser una estrategia muy útil para ampliar el alcance de su empresa/producto.
Lo que quizá no sepas es que las asociaciones empresariales no sólo son celebradas entre empresas, sino que pueden llevarse a cabo entre las empresas y empleados.

Este conjunto de actores externos se conoce como espectro de stakeholders. Esto se debe a que las posibilidades de asociación son variadas y cada una tiene un objetivo diferente, por esa razón tus stakeholders también deben ser diferentes.

"La palabra stakeholder significa público estratégico y describe a una persona o grupo a las que les interesa una empresa o negocio, pudiendo o no haber efectuado alguna inversión en ellos."

1- Identifica posibles alianzas estratégicas con otras empresas

Para que una sociedad de negocios rinda buenos frutos, ella debe ser beneficiosa para todos los involucrados.

Por esa razón, antes de abordar a uno de sus stakeholders y proponer una asociación, deje claro lo que cada parte va a ganar con esa asociación.

Cuanta más información tengas sobre tu negocio, más fácil será convencer a los posibles socios sobre los beneficios de unirse a ti y a tu producto.

Identifica qué habilidades te faltan, cuáles tienes que desarrollar internamente y cuáles podrías aprovechar a través de asociaciones.

Tu objetivo aquí es averiguar los conocimientos o prácticas que puedes integrar a tus procesos a fin de generar una ventaja competitiva que beneficie a tu negocio, y viceversa.

¿Cómo vas a recabar esos datos? La respuesta está de nuevo en Internet: haz benchmark con vistas a conocer tu mercado, visita las páginas de tu socio potencial y averigua quién es su cliente.

Tu stakeholder no siempre será del mismo nicho/subnicho que el tuyo, pero su público objetivo debe compartir los mismos intereses de tu Cliente Ideal para que la divulgación sea asertiva.

Imagínate que vendes cursos de cocina japonesa y tu producto es muy exitoso en la comunidad oriental.

Tu negocio comienza a crecer y decides ampliar su alcance mediante la creación de un curso sobre la cultura japonesa.

Tú puedes unirte a otros Productores que tienen cursos de japonés o sobre Anime, por ejemplo.

Observa que, a pesar de que los subnichos son diferentes, los dos productos están destinados a las personas que tienen interés en la cultura oriental.

De esa manera todos los productores y afiliados involucrados conquistan nuevos sectores del mercado.

2- Asóciate a empresas que comparten los mismos valores que tú

Cuando ya hayas identificado a las personas que operan en un área determinada es el momento de pensar en alianzas estratégicas entre empresas sólidas y duraderas.

Para eso necesitas tener en cuenta los valores y principios éticos con los que trabajas y comprobar en tu red donde ellos también se encuentran.

Busca líderes y emprendedores que estén alineados con tus valores y creencias. Eso se refleja en el futuro de tus negociaciones de manera impactante.

Las empresas más grandes, con una gestión más tradicional y jerarquía definida, tendrán dificultades para asociarse a empresas con horarios más flexibles y procesos menos rígidos.

¿Tú te adaptarías a una cultura muy diferente a la tuya? Ante la duda si el esfuerzo de adaptarse merece la pena, recuerda el primer punto de este texto: las asociaciones sólo son beneficiosas cuando atienden las necesidades de todos los involucrados.

Lo importante aquí es pensar que entre todos los posibles interesados que has buscado hay algunos que serán aliados estratégicos durante un largo tiempo.

Por eso es importante que ellos tengan la misma visión de negocios que tú, de lo contrario vas a vivir una eterna "pulseada" y, finalmente, pueden perder el timing en decisiones que podrían brindarnos buenos resultados para ambos.

3- Evalúa todos los escenarios posibles

Cómo las asociaciones implican más de una persona opinando sobre algunas decisiones, es importante discutir todos los aspectos que conciernen a la asociación, ya sea subjetivos, legales o financieros.

Asegúrate de sentarte con tu socio para discutir los mejores y peores escenarios.

Desarrolla los planes de negocio de ambos y mira si tus **objetivos** coinciden, especialmente con respecto a los resultados que esperáis lograr a través de la asociación.

Como estamos hablando de emprendedores digitales, estos detalles pueden ser alineados por correo electrónico, Skype, Zoom, meet, etc.

Siempre que los registros de estas conversaciones permanecen archivadas durante todo el período en que se mantenga la relación comercial.

Lo ideal es crear un documento de formalización de los principales temas de la conversación, tales como:

- Cuáles son las obligaciones de cada uno
- Si la asociación está vinculada a un objetivo específico
- Cómo se tomarán las futuras decisiones
- Cómo se hará la divulgación
- De qué manera los socios repartirán las ganancias (en el caso de los productos desarrollados conjuntamente)
- Cómo disolver la sociedad si los resultados no son los esperados.

4- Haz networking constantemente

¿Ya has oído ese dicho popular que no se ve no se recuerda? ¡También se aplica a los productos del mercado digital!

Y en este caso "lo que se ve" significa tener una sólida red de contactos. Y para construir esa red de contactos necesitas hacer networking .

Lo sé, lo sé, la palabra networking sigue siendo una pesadilla para los más tímidos, pero sigue siendo la mejor manera que tienes de encontrar socios estratégicos para tu negocio.

De todas formas, no creas que el networking está restringido sólo a ir a eventos, aunque la mayoría de la gente todavía hace esa asociación.

Un buen networking consiste en mantener contacto con profesionales de tu segmento, si es posible a través de contenidos que generen valor para esas conexiones.

Por contenido de valor me refiero a que no es suficiente entrar en Facebook o LinkedIn y añadir a todo el mundo al azar para enviar mensajes de tu producto.

Para que se acuerden de ti tienes que centrarte en emprendedores en los que ves una posible relación, ya sea como un socio de negocios, socio o afiliado.

La relevancia de tu red de contactos va a depender más de la calidad de las conexiones que establezcas que de la cantidad de personas que añadas.

Algunos consejos simples pueden ayudarte a hacer un buen trabajo en red:

- Mostrar interés y entablar una conversación es esencial para mantener tus conexiones comunicadas.

En pocas palabras, no menciones tu producto de inmediato a menos que haya contexto para efectuarlo.

- Tu stakeholder es también un lead, por lo tanto necesita ser educado acerca de tu producto.
- Mantener la comunicación recurrente es importante. Da las felicitaciones por el nuevo puesto de trabajo, envía recomendaciones, comparte artículos que puedan interesarle a aquella conexión, son todas prácticas recomendables.
- Para contribuir a la actividad de los demás, a menudo sólo es necesario dar una opinión, promocionar un evento, compartir un enlace. Son acciones simples que generan empatía en la red que estás construyendo.

Si inviertes en la creación de una relación duradera con tus contactos comprobarás con el tiempo que ellos se convierten en los mejores embajadores de tu marca.

5- Apuesta en una comunicación eficiente

Tú, que eres productor de contenidos digitales, conoces la importancia de contar con alianzas estratégicas entre empresas y empleados motivados. Son las personas competentes las que sustentan el crecimiento de tu negocio.
Pero para lograr este escenario es necesario invertir en una comunicación efectiva con todos los interesados en tu negocio.

Aclara las funciones y responsabilidades de cada uno y mantente siempre abierto a las sugerencias que puedan mejorar tu rendimiento.

Créeme: cuando los socios están alineados en torno a los mismos objetivos, es más fácil convencer a los clientes sobre las ventajas de la compra de los productos/soluciones que están vendiendo, lo que redundará en la mejora de tu tasa de conversión.

Networking

Muchas personas conocen el término networking digital, pero poseen una visión muy simplista del proceso, reduciéndolo a hacer conexiones profesionales, números en las redes sociales, participación en eventos o intercambio de tarjetas de visita.

Pero, de hecho, el networking digital va mucho más allá. ¡Se trata de construir una comunidad, en la cual el diálogo y el intercambio de conocimiento es constante y productivo para todos los participantes, y eso es exactamente lo que vamos a abordar en este post!

Continúa tu lectura y mira 11 consejos prácticos para aumentar tu red profesional.

¿Qué es el networking digital y cuáles son sus ventajas?

El networking digital es una forma de desarrollar relaciones profesionales en diferentes ambientes y usar esas relaciones con alguna finalidad.

Independientemente del motivo de fortalecer y estrechar negociaciones o aprovechar oportunidades en el mercado de trabajo, mantener buenas relaciones es esencial para cualquier profesional.

Cuando tenemos conciencia de ello y pensamos en construir una carrera, vemos que, con el networking digital bien hecho, nuevas oportunidades pueden surgir, además del intercambio de informaciones relevantes, experiencias y· conocimientos.

Es fácil darse cuenta que el éxito, muchas veces, está directamente vinculado a las relaciones desarrolladas a lo largo del tiempo. Y no estamos hablando solo de éxito profesional, ya que es fundamental relacionarse bien con las personas en todos los ámbitos.

Otra ventaja de tener una red de contactos grande y mantener una buena relación profesional es la aportación en la calidad y la satisfacción en el trabajo. El intercambio de experiencia ayuda a ver posibles soluciones a algunos problemas que, solos, no nos daríamos cuenta.

Además, con un buen networking digital, es posible fortalecer tu imagen profesional, buscar socios con una visión parecida a la tuya y alcanzar resultados más expresivos.

11 consejos para hacer un buen networking digital

Ya debes haber notado que conocer gente de tu mercado es una gran estrategia para quien busca crecer profesionalmente. Pero ¿cómo construir una red de contactos que cumpla ese propósito?

Seleccionamos 11 consejos para ayudarte a hacer un networking digital de calidad.

Aquí van:

1. Entiende que la calidad es más importante que la cantidad

La calidad es el factor más importante del establecimiento de una red. Por eso, establece relaciones verdaderas donde haya compromiso, es decir, donde la gente sepa quién eres e interactúa con el contenido que compartes.

Además, si no tienes un establecimiento de redes de calidad, tu percepción de este concepto vuelve a la visión simplista que citamos al comienzo de este post, de que networking digital nada más es que tener varios amigos en tus redes sociales e intercambiar tarjetas de visita.

Una red de contactos pensada de esta manera es inútil y no funciona.

Entonces, piensa en los contactos profesionales como algo mucho más grande y más importante que solo cantidad, y concéntrate en conocer a personas que pueden ser realmente importantes para tu negocio, y establece una relación con ellas.

2. Ofrécele una relación de intercambio y utilidad a tus contactos

Un buen ejemplo para representar este tema en el mercado digital es enviar contenidos relevantes a tus contactos. Estarás siendo útil para ellos al enviarles informaciones que son de interés o necesitan, y puedes pedirles a cambio la promoción, feedback o una acción específica.

Si puedes ayudar a alguien y no pedir nada a cambio, esa persona seguramente se acordará de ti, sobre todo si le ofreces una solución a un problema que esta persona enfrenta.

También es posible proponer proyectos o invitar a tus contactos a eventos relevantes relacionados con el área de actuación de ambos. De esta forma también estarás siendo útil y además mantendrás una buena relación.

3. Mantén contacto constante y no solo cuando necesites ayuda

Esta sugerencia es muy importante para mantener las relaciones lo más orgánicas posible.

Aunque tu relación sea solo profesional, es importante mostrarles a las personas que te importan y que estarás presente cuando te necesiten. Una red de relaciones profesionales sólo genera valor si es una relación de doble vía en la que los dos lados necesitan ayudarse de alguna manera.

Recuerda ser útil y mantener una relación constante, y cuando necesites algo a cambio, seguramente te ayudarán.

4. Define los puntos fuertes y las experiencias profesionales que deseas divulgar

Para destacarte profesionalmente es necesario divulgar tus puntos fuertes y las experiencias que sean relevantes para tus contactos. De esta forma, seleccionamos los contactos correctos, aquellos interesados en tus principales características profesionales.

Este consejo es aún más importante para quien está buscando un empleo. Después de todo, los seleccionadores necesitan saber cómo te destacas en relación a los otros candidatos.

5. Aprende a auto promoverte, pero ten cuidado de no parecer arrogante

La autopromoción es esencial para cualquier profesional o negocio interesado en crecer. Y nadie mejor que tú mismo para hacer tu marketing personal.

Diferénciate de los demás siendo auténtico y sincero.

¡Pero ten cuidado de no parecer arrogante y compartir información que no sea relevante para tu red de contactos! Esto solo te impide hacer un buen networking digital y aleja posibles contactos.

6. Mantén actividad en redes como LinkedIn

LinkedIn es la mayor red profesional del mundo.

Si sabes utilizarla bien y mostrar tus cualidades, serás capaz de hacer un buen networking digital, asociándose a negocios y personas con valores parecidos a los tuyos.

Además, en ese tipo de red, logras mantener contacto directo con tu público y generar más compromiso, principalmente creando contenidos de calidad.

Por lo tanto, mantén una actividad constante en LinkedIn y en otras redes sociales en las que tu círculo de contactos está presente, tomando el cuidado de compartir información útil, después de todo, quien no es visto no es recordado.

7. Desarrolla tu marca personal y autoridad creando contenidos

Tener un blog o canal en YouTube, por ejemplo, es una excelente forma de generar autoridad y fortalecer tu marca online.

Con los textos, ganas la confianza de tu público, y con los vídeos, generas empatía.

También existe la posibilidad de proporcionar contenido rico y gratuito a cambio de la información de contacto de tu lead.

¿Quieres saber más cómo ser un referente en tu mercado? Rosario te da aquí algunos consejos importantes:

8. Ten un socio de networking digital

Tener un socio con el que puedas promocionar mutuamente tus trabajos es una práctica muy ventajosa, capaz de aumentar tu red de contactos y el alcance de tu contenido.

Si ambos se sienten avergonzados con la autopromoción, tú lo harás por tu socio y viceversa.

Pero ten cuidado de no sugerir productos o servicios que no utilizarás, solo para estrechar relaciones, pues eso puede perjudicar la relación con tus seguidores.

9. Nunca hables mal de sus competidores

En realidad, no debes hablar mal de nadie, pues eso puede perjudicar tu networking digital y tus relaciones personales.

Además, la competencia puede convertirse en un socio de negocios en el futuro.

Por lo tanto, juega limpio y no hables mal de los demás. Enfoca tus esfuerzos apenas en ti y en tu propio negocio.

10. Desarrollar técnicas para perder la timidez

La timidez es algo normal, principalmente en lugares con muchas personas que no conocemos. Pero puedes tomar algunas actitudes para hacer un buen networking digital incluso siendo tímido. Algunas de ellas son:

- Pide que un intermediario te presente a las personas con las que quieres establecer un contacto. Esto alivia la presión;
- Haz contactos iniciales online;
- Llega temprano al lugar. Es mucho menos intimidante abordar a alguien cuando no hay tanta gente cerca;
- Piensa con antelación en las preguntas que le harás a cada persona que deseas conocer;
- Sé objetivo. De esta manera, no tendrás que perder tiempo hablando de asuntos irrelevantes.

11. Interactúa fuera del ambiente de trabajo

Un lugar relajado también es un buen lugar para hacer networking digital. Entonces, aprovecha estos momentos para invitar a algunas personas a los eventos fuera del horario de trabajo. Así, logras conocerlos mejor.

Pero, además de invitar, debes tener disponibilidad para decir sí cuando te inviten. Estar presente en los lugares hace que se acuerden de ti y aumenta tus posibilidades de construir relaciones genuinas.

También es importante estar presente con frecuencia en los lugares que las personas relacionadas con tu mercado están. De esa forma, no corres el riesgo de ser interpretado como alguien que solo aparece cuando necesitas algo.